图书在版编目（CIP）数据

一分钟读通中国史. 帝王篇 / 高瑞沣著 . -- 成都 ：四川教育出版社， 2025. 3. -- ISBN 978-7-5408-9683-6

Ⅰ. K209；K827=2

中国国家版本馆CIP数据核字第20253CC261号

YI FENZHONG DU TONG ZHONGGUO SHI DIWANG PIAN
一分钟读通中国史 帝王篇
高瑞沣 著

出 品 人：雷　华
图书策划：刘　青
责任编辑：宋笑颖
责任校对：王　嘉
封面设计：末末美书
版式设计：42 工作室

责任印制：赵育渝
出版发行：四川教育出版社
地　　址：四川省成都市锦江区三色路 238 号新华之星 A 座
邮政编码：610023
网　　址：www.chuanjiaoshe.com
制　　作：42 工作室
印　　制：三河市嘉科万达彩色印刷有限公司
版　　次：2025 年 5 月第 1 版
印　　次：2025 年 5 月第 1 次印刷
开　　本：787mm×1092mm 1/16
印　　张：17.25
书　　号：ISBN 978-7-5408-9683-6
定　　价：98.00 元

如发现质量问题，请与本社联系。编辑部电话：（028）86365131

一分钟读通中国史

帝王篇

高瑞沣 著

四川教育出版社

目录

五帝时期

夏朝

商朝

周朝

秦朝

汉朝

三国

晋朝

南北朝

隋朝

唐朝

五代十国

后梁

后唐

后晋

后汉

后周

宋朝

北宋

南宋

辽朝

西夏

金朝

元朝

明朝

清朝

五帝时期 （？—约前 21 世纪初）

五帝是中国古代传说中杰出的部落首领，在中华文明的早期阶段起到了至关重要的作用。

huáng dì 黄帝

轩辕氏，人文初祖、五帝之首，重生产，造舟车，制音律。

黄帝，是传说中中原各族的共同祖先，也是五帝之首，被人们尊称为“人文初祖”。

黄帝，姬姓，名轩辕。因为他建都于有熊，所以也被称为“有熊氏”，另外还有人称他为“帝鸿氏”。

黄帝在位期间，为中华民族的发展做出了巨大的贡献。传说他播种五谷，大力发展生产，使人们有了丰富的食物来源。同时，他还造舟车、制音律，这些发明创造极大地改善了人们的生活条件。

相传黄帝部落和炎帝部落联盟，结成炎黄部落联盟。这一部落联盟逐渐演化为后来的华夏族。

zhuān xū
颛 顼

黄帝之孙，体察民情，腹有谋略。

颛顼是黄帝的孙子、昌意的儿子。他非常有智慧，是中华民族人文始祖之一。他发明了犁耕和播种的技术，让农民们可以更加轻松地耕种土地，收获更多的粮食。

他努力让社会变得公平和正义，为此设立了官职和法律制度，让社会秩序更加稳定，人们的生活更加安宁。

颛顼还非常注重教育，推动了文化的发展，为后世留下了丰富的文化遗产。他还亲自研究草药治疗方法，并将这些知识传授给人们，让人们能够更好地保养身体和治疗疾病。

dì kù
帝 喾

黄帝的曾孙，施行仁政，设立节气。

帝喾是黄帝的曾孙，出生在高辛，所以被称为“高辛氏”。

帝喾是一个非常聪明和有能力的人。年轻的时候，他就展现出了非凡的才华和品德。相传他十五岁的时候，就被他的堂叔父颛顼选为助手。

颛顼去世以后，帝喾继承了帝位，成为天下共主。他选择亳作为都城。

帝喾知人善任，让有能力的人担任重要的职位，将国家管理得井井有条。

相传他还有一个非常重要的贡献：设立节气。

在帝喾之前，人们虽然有一年四季的概念，但并不知道如何科学地安排农事活动。帝喾通过观察天象和物候变化，划分了四时节令，指导人们按照节令从事农畜活动。这一举措极大地促进了农业的发展，使农业进入一个崭新的时代。

yáo
尧

心怀仁德，推广农耕，令羲氏与和氏制定历法，禅让帝位。

尧是黄帝的后代，因为被封于一个叫“唐”的地方，所以人们也称他为“唐尧”。

尧非常勤劳，经常去田间劳作，体验农民的辛苦，以便更好地了解他们的需求。

他非常注重教育，鼓励大家学习知识和文化，以便能够更好地理解世界。在他的倡导下，人们开始更加注重礼仪和道德，社会风气变得越来越好。

尧还有一个非常重要的贡献，那就是命令羲氏与和氏制定历法。

在尧生活的时代，人们还没有准确的日历以指导农事活动。在初步的历法制定好后，农民们能够按照节气来耕种和收获，这大大提高了农业生产的效率。

尧年老的时候，找到了一个有能力、贤明的人——舜，来继承他的帝位。

尧没有留恋权位，而是主动把帝位让给了舜，让舜来继续治理国家。尧的禅让精神被后人广为传颂。

娶娥皇女英，任命十二牧，设立九种官职，发明了许多重要的器物。

shùn
舜

舜，姚姓，一作妫（guī）姓，号有虞（yú）氏，名重华，史称“虞舜”。

尧欣赏舜的品德和能力，于是把自己的两个女儿娥皇和女英嫁给了舜，并把天下大事都托付给了他。

在成为天下共主后，舜依然注重自己的言行，更加努力地治理国家，关心人民的生活。

舜任命了十二牧以管理天下十二州，还设立了九种官职来管理农田、水利、教育、刑罚、手工、畜牧、祭祀、文艺等不同的领域。他还巡视天下，考察各地牧官的工作，确保国家的稳定和繁荣。

在舜的治理下，社会风气良好，人民安居乐业。

舜是一个非常有智慧和创造力的人。他发明了许多重要的器物，如粮仓、水井、渔网、陶器等。这些发明对古代社会的发展和进步产生了积极的影响。

舜在晚年听从四岳的建议，把帝位禅让给了禹。

知识拓展

三皇五帝：“三皇”与“五帝”的合称。其中“三皇”和“五帝”的具体所指在历史记载中有所不同。《史记》中说“三皇”是天皇、地皇、泰皇（或人皇），有的说法则认为“三皇”是燧人、伏羲和神农。人们认为燧人是火的发明者，伏羲是八卦和文字的创造者，神农教给人们农耕和医药的知识。《史记》中说“五帝”指黄帝、颛顼、帝喾、唐尧、虞舜。有的说法则认为“五帝”是伏羲、神农、黄帝、唐尧、虞舜。

夏朝（约前 2070 年—前 1600 年）

夏朝是中国史书中记载的第一个奴隶制朝代。

夏是黄河中游地区一个历史悠久的部落联盟，由十多个姒姓部落组成，夏后氏在这些部落中居于领导地位，并在尧、舜时期逐步强大。夏后代的鲧（gǔn）治水失败被杀，鲧的儿子禹继承父业，并取得了治水的成功。禹得到众多部落首领的拥护，成了最高领导者，并逐步建立了夏族王权。据《史记》记载，禹本来要传位给伯益，但最后却是禹的儿子启取代伯益即位，从此，世袭制取代了禅让制。

禹（yǔ）

夏朝开国君主，治理洪水，划定九州。

禹，姒姓，夏后氏，名文命。

禹生活在一个洪水泛滥的时代，那时的水患非常严重，人们常常生活在恐惧和痛苦之中。禹奉舜之命治理洪水。

禹并不像前人那样一味地筑堤坝去阻挡洪水，而是选择修沟渠疏导洪水，让水流到大海里去。他亲自带着人们翻山越岭，开凿河道，引导洪水流向远方。在治水的过程中，他遇到了很多困难和挑战，但他从不退缩，始终坚持着。经过十三年的努力，禹终于成功治理了洪水，让人民过上了安定的生活。在这十三年中，他曾三过家门而不入。

许多文献提到，大禹在治水的过程中，还将中华大地划分为九州，即冀州、青州、豫州、扬州、徐州、梁州、雍州、兖州和荆州，范围涉及今天的山西、河北、山东、江苏、浙江、湖南、河南、

湖北等地区。相传，禹还对各地的地形、习俗和物产进行了详细的调查，并为每个州设定了不同的税赋等级和贡品要求。这些举措为后续朝代提供了重要的税赋参考。禹分九州不仅对中国的行政区划产生了深远的影响，而且在政治和文化上也具有重要的意义。

约公元前 2070 年，禹建立起我国历史上第一个奴隶制王朝——夏朝。

qǐ 启

启取代伯益即位，开启了世袭制；击败强敌，励精图治。

启也称“夏启”“帝启”“夏后启”“夏王启”。原本，按照禅让制，禹想要传位给有才华、有能力的人。一开始，禹选择了皋陶（yáo），但皋陶在禹去世之前就去世了。于是，禹决定传位给皋陶的儿子伯益，但是，禹的儿子启并不想让王位落入他人之手。他觉得自己有能力和责任来继承他父亲的遗志。相传，禹死后，启当即发动对伯益的攻击，夺取了王位。

得到王位后，启励精图治，关心人民的生活，努力让夏朝变得更加繁荣和强大。他还带领军队击败了那些威胁夏朝安全的敌人。

然而，启喜欢享乐，经常沉迷于音乐和美食。这导致在他晚年的时候，国家出现了动荡和不安。

启取代伯益即位，标志着禅让制被世袭制取代。这是中国历史上的重大变革。

启去世前，直接把王位传给他的儿子太康，从禹到启，再从启到太康，祖孙三代人的传承彻底终结了后来被儒家推崇备至的理想政治制度——禅让制。

tài 太 kāng 康

喜好玩乐，不理朝政，被后羿（yì）赶出国家。

太康，姒姓，夏后氏，启的长子，夏朝第三位君主。

太康从小跟着他的父亲启耽于享乐，在即位以后，并没有关心国家的治理和人民的福祉，而是只顾饮酒作乐、狩猎游玩，完全忘记了自己的责任和使命。

太康的种种行为引起了人民的失望和不满。他们开始怀疑这个君主是否能够带领他们过上更好的生活。同时，东夷族有穷氏的首领后羿也看到了夏朝内部的矛盾和混乱局面，决定利用这个机会来夺取夏朝的政权。

有一次，太康又带着他的亲信们外出游猎，这一去就是几个月。后羿趁机起兵，占领了夏朝的都城，并将太康拒于国都之外。

最终，太康在流亡中病死于戈地。他的弟弟仲康即位后，也没能挽回夏朝的颓势。夏朝在他们的统治下逐渐衰落。

羞为傀儡的夏朝君主。

仲康，又叫“中康”或“仲卢”，姒姓，夏后氏，夏朝的第四位君主，是太康的弟弟。

后羿虽然夺取了夏朝的都城，并且流放了太康，但是部落首领们不服他，所以他不得不让位给夏王族的后人。于是，太康的弟弟仲康就被推举为新的君主。

仲康成为君主后，明白自己肩上的责任重大。他努力治理国家，想要让夏朝重新变得强大和繁荣。可是他的统治却并不顺利。虽然他是君主，但实际上仍由后羿专政（后羿让位后，在有穷国另立朝廷，与仲康分庭抗礼）。仲康不甘心当一个傀儡，一心想要夺回大权，曾派大司马胤（yìn）侯征伐后羿的党羽，试图削弱后羿的力量。但最终胤侯因实力薄弱，反被击败，退守西河地区。此时仲康已无力恢复夏朝的强盛，因此忧闷成病而死。

知识拓展

仲康日食：被认为是发生于约公元前 22 世纪到前 20 世纪夏朝仲康年间的一次日食，可能是人类历史上最早的一次有记录的日食，先于公元前 1063 年 7 月 26 日巴比伦南部的日食记录。

日食：月球运行到太阳和地球之间时，月亮就像一个大盾牌，挡住了太阳射向地球的光线，这种现象叫日食。

xiàng
相

被后羿取代，后被寒浞（zhuó）所杀。

相，姒姓，是夏朝的第五位君主，也被人们称为“帝相”或“相安”。仲康之子，少康之父。

后羿夺走了太康的王位，立太康之弟仲康为夏王。

仲康在当了几年的傀儡之后，忧闷成病而死。于是，后羿立仲康的儿子相为君主，但不久之后，后羿就赶跑了相，自己当起了王。可是，后羿不大理会朝政，不关心民生，终日沉湎于游猎，结果被部下寒浞所杀。

寒浞杀了后羿以后自立为王，迁都到定陶，并且征讨收留了相的斟灌（zhēn guàn）氏及斟鄩（xún）氏，还杀死了相。

shào kāng
少康

通过努力打败寒浞，恢复了夏朝的统治；通过有力的举措增强了夏朝的国力。

少康，相之子，夏朝第六位君主。

寒浞杀了后羿后，想要彻底控制整个夏朝。于是，他不断追杀夏朝的遗民，包括少康的父亲相。不久，相被寒浞杀害了。但是，相的妻子后缗（mín)在逃跑的途中生下了一个孩子，这个孩子就是少康。

少康从小就很聪明，立志要复兴夏朝。

为了躲避寒浞的追杀，少康在他的外祖父的部落里长大并学习了很多本领。

他努力学习带兵作战的技巧，并且时刻准备着复国。后来，他逃到了虞国，并在那里得到了虞国君主的帮助。虞国君主把自己的女儿嫁给了少康，并且支持他复兴夏朝。

在少康的领导下，夏朝的遗民们团结起来，最终打败了寒浞，夺回了夏朝的统治权。

少康关心人民的疾苦，制定了很多有利于人民的政策。他还修建了很多水利工程，让农田得到了灌溉，人民的生活水平也大大提高。在少康的治理下，夏朝重新变得非常强大和繁荣，史称“少康中兴”。

zhù 杼

相传发明了甲和矛。

杼是夏朝的第七位君主。

他即位后，决定完成父亲少康的遗愿，攻打东夷。

首攻东夷时，杼的军队遭到了顽强的抵抗，被东夷部落的长距离武器弓矢抵挡，遭受损失，无法前进。大军退回国都后，杼发明了用兽皮制作的甲。士兵穿上这种甲后，能抵挡敌人的刀砍、箭射。杼还发明了矛，使士兵们的战斗力大大增强。

后来，杼率领部众同东夷部落作战，一直攻到东海边，最后降服了东夷部落。除了东夷，杼还打败了渤海、黄海、东海边上的多个部落及以狐为图腾的九个胞族，擒获了他们的首领。杼使东夷及沿海各部落进一步融入夏朝，夏朝的疆域和影响力得以扩大。

槐 (huái)

扩大了夏朝的势力范围，提升了夏朝的国力，使九夷来朝。

槐，杼的儿子，在杼死后即位，是夏朝第八位君主。

槐在位期间，先后征服了居住于泗水、淮水之间的畎（quǎn）夷、于夷、方夷、黄夷、白夷、赤夷、玄夷、风夷、阳夷部落，扩展了夏朝的势力范围。槐也采取措施，发展夏朝的社会、经济。在槐统治的时期，夏朝依然强盛。

芒 (máng)

相传，芒把舜帝赐予禹的玄圭沉入河中来祭祀黄河。

芒，别名“帝芒”，夏朝第九位君主。

槐去世后，他的儿子芒即位，并举行了隆重的祭黄河仪式。

除了把猪、牛、羊沉于河中，据说他还把当年舜赐给禹的象征治水成功的玄圭（黑色的玉圭）也沉入河水中以示虔诚。这就是“沉祭”。周代以后，沉祭仍然盛行。这个仪式一直延续了数千年。

传说祭河之后，芒到东海之滨游玩，捕捉到了一条很大的鱼。群臣向芒道贺，认为这是河神所赐，可永保太平。

泄在位期间，发生了“商上甲微灭有易氏之战”。

泄，又名“洩（xiè）”，姒姓，夏朝第十位君主。

泄在位二十五年（前1730年—前1706年）。他在位期间，发生了著名的“商上甲微灭有易氏之战”。

知识拓展

商上甲微灭有易氏之战：商部落首领王亥到有易氏部落交易时，被有易氏首领谋害。王亥之弟王恒继承首领之位后，接受了有易氏的礼物，因此没有为兄长报仇。但王亥之子上甲微调查了父亲的死因，并借来军队向有易氏发起复仇之战。这场战争的一个重要结果就是商部落的人建立起自己的国家。商人国家的形成自上甲微开始，这已得到出土文献的证明。

bú jiàng
不降

夏朝在位时间最长的君主。

不降，姒姓，泄的儿子，夏朝第十一位君主。他在夏王泄病死后即位，是夏朝在位时间最长的君主，也是一位很有作为的君主。

不降即位后，仍施行泄制定的基本政策，对内努力发展经济，改善人民的生活；对外与周边的夷族方国保持友好往来。在他统治时期，夏朝版图达到最大。

不降三十九年，以其弟扃（jiōng）为相，总揽朝政。

不降共有十几个儿子，但这些儿子的治国才能都比不上他的弟弟扃。而且多年来，扃一直在朝中辅佐不降治国理政，深得他的器重。不降有意把王位传给弟弟，又担心自己死后儿子们不服，会争权夺政。思来想去，他最终决定在自己在世时就把王位传给弟弟，自己退居二线从旁监国，充当顾问。

jiōng
扃

不降认为扃的执政能力很强，因此将王位禅让给扃。

扃，夏朝第十二位君主，泄的儿子，不降的弟弟。在位时仍以老丘为都，在位十几年后逝世。

知识拓展

老丘：今河南省开封市祥符区陈留镇东北约 20 千米处。

在位时出现过幻日的现象。

jǐn 廑

廑，姒姓，扃之子，在扃病死之后即位，迁都于西河，是夏朝第十三位君主，在位八年。《竹书纪年》称其本名为胤甲（yìn jiǎ）。

据说，廑当政的时候，有一年夏天天气异常炎热，人民已经热渴难耐，而廑却居住在他夏季避暑的山庄里独自纳凉，故被人民讥讽为“廑”。

廑在位时，商的势力已经开始崛起，而夏的国势日趋衰落。相传在廑在位期间出现过一次幻日现象。

知识拓展

相传，廑八年，天空中出现幻日现象。当时，朝野都视幻日现象为异象，这与当时古人对自然的认知水平不高有关。

幻日现象是一种大气中光的自然现象，也称“双太阳”。由于天空中分布着大量微小的冰晶体，在一定条件下，太阳光照射在这些冰晶体上，就会发生折射现象，形成环绕太阳的日晕。

kǒng 孔 jiǎ 甲

夏朝在孔甲统治期间愈发衰落。

孔甲，姒姓，廑的堂兄弟，夏朝第十四位君主。

因为他沉迷享受且胡作非为，各部落首领纷纷叛离，使得夏朝国势更加衰落。

孔甲有诗歌《破斧》传世。

gāo 皋

相传皋死后被葬在崤（xiáo）山。

皋，又作“昊”“简皋”，夏朝第十五位君主，孔甲之子，在孔甲死后即位。相传皋死后葬于崤山。

fā 发

提拔关龙逄（páng）为相，使夏朝的国力得到恢复。

发，夏朝第十六位君主。

发即位后，四处寻求贤士辅佐。有一次在田间打猎时遇上下雨，于是他到附近的民宅里面避雨。民宅里有一位老人，目光炯然。这位老人的名字叫关龙逄。据说发和关龙逄简单聊了几句后，发现他是个人才，就向他请教治国的策略。关龙逄以养马比喻治民理政，发十分认同。

发又问关龙逄为君之道，关龙逄告诉他：作为人君，须谦恭待人，对人臣要尊重并信任，要爱护人才；只有这样天下才能安定，社稷宗庙才会稳固。

回宫后，发先提拔关龙逢为大夫，后封关龙逢为相。而关龙逢果然不负众望，辅助发把夏朝治理得井井有条。

jié 桀

夏朝最后一位君主，导致夏朝被商汤所灭。

桀，姒姓，夏后氏，名履癸（guǐ），发之子。桀是其谥号，史称“夏桀”。

桀在位时，许多部落已经不来朝贺。夏王室内政不修，外患不断，民不聊生，危机四伏。但夏桀仍然不思进取，只顾享乐。

桀日夜与妺喜及宫女饮酒作乐。据说他把酒池修造得很大，甚至可以航船。在这个酒池里，因醉而溺死的事情时常发生。他还总是做一些荒唐无稽的事情，只为博妺喜一笑。桀倒行逆施，刚愎自用，近小人，远君子，重用奸臣，排挤贤臣。他听信谗言，使得正直清廉者或被杀害，或离他而去。关龙逢多次直谏，却被桀囚禁后处死。夏桀在位数十年，已经众叛亲离。最终夏朝被商汤所灭。

商朝（前 1600 年—前 1046 年）

商朝是继夏朝之后的奴隶制王朝，因盘庚迁都至殷，也称“殷商”，是中国历史上第一个有直接的同时期的文字记载的王朝。商朝共经历了三个阶段：第一个阶段是“先商”，第二个阶段是“早商”，第三个阶段是“晚商”。

商族兴起于黄河故道下游的商丘。商部落的历史可以追溯到母系氏族公社时期。这个部落的始祖叫契。传说契的母亲简狄洗澡时，忽然发现燕子下了个蛋，吃了以后便怀孕生契。所以有“天命玄鸟，降而生商”的说法。

商前期（前 1600 年—前 1300 年）

tāng 汤

商朝开国君主，心怀仁德，重用贤臣，建立了商王朝。

汤，子姓，名履，又称“武汤”“天乙”“成汤”，甲骨文作“唐”“大乙”或“高祖乙”。

汤通过几十年的征伐战争，灭了夏朝，统一了自夏朝末年以来纷乱的中原，控制了黄河中下游地区，其势力所及，远远超过了夏朝。

汤建立商朝后，减轻征敛，鼓励生产，安抚民心，从而扩展了统治区域，奠定了商王朝疆域的基础。

汤灭夏后本想把国都定在夏都斟鄩。但为了进一步巩固政权，他还是把夏朝重臣集中于斟鄩并严加看守，而在夏都附近新建了一座都城亳，后人称为西亳。

知识拓展

太丁：据《史记》记载，太丁是汤的长子，因先于其父而死，没来得及继承王位。

夏商周断代工程的简本报告将太丁算作商朝的第二位君主列入年表，此后该意见被《现代汉语词典》等采纳，然而仍有不把太丁列为商王的做法存在。

知识拓展

“夏商周断代工程”是我国“九五”国家计划重点科技攻关项目，是将人文社会科学与自然科学相结合、多学科交叉联合攻关的大型科学研究项目。“夏商周断代工程”的总目标，是将夏、商、西周三个时期的年代学进一步科学化、量化，制定这一时期有科学依据的年表，为深入研究中国古代文明的起源和早期发展打下良好的基础。该工程于 2000 年 9 月 15 日结题，并于当年 11 月 9 日正式公布了《夏商周年表》，但作为阶段性研究成果，该工程在国内外学界仍存在争议。

wài 外 bǐng 丙

商朝第二位君主。

外丙，甲骨文作“卜丙”，名胜，外丙或卜丙是其庙号。外丙是汤的第三子，太丁的弟弟，商的旁系先王。

由于汤的长子太丁早逝，因此汤去世后就由外丙即位，伊尹辅佐。

知识拓展

伊尹（？—前 1550 年），名伊，尹为官名，夏末商初时期人物。他是商朝开国元勋，是著名的政治家、军事家、思想家。

汤在伊尹的辅佐下，灭夏朝，建立了商朝。在商朝建立初期，伊尹帮助汤制定典章制度，在中国古代政治、军事、经济、文化、教育等领域做出了卓越贡献。

zhòng rén 仲壬

商朝第三位君主。

仲壬（？—前 1582 年），又名中壬，本名子庸，商朝第三位君主。仲壬在位时由伊尹辅佐。他在前 1582 年去世，谥号懿（yì）。

tài jiǎ 太甲

商朝第四位君主，在即位之初尚能谨慎行事，后来贪图享乐，被伊尹放逐三年，悔过后，重新掌管朝政。

太甲，子姓，名至，是汤的嫡长孙，太丁之子，外丙和仲壬之侄，商朝第四位君主。

太甲即位之初，由四朝元老伊尹辅政。伊尹一连写了三篇文章给太甲，教他做一个好的君主。其中，有一篇文章叫《肆（sì）命》，专门讲什么样的事情不应当做，什么样的事情应当做。还有一篇文章叫《徂（cú）后》，讲的是汤在位时的法律制度，教育太甲一定要按照祖先定的规矩行事，不能背弃祖训，为所欲为。

太甲读了这些文章后，开始时也能按伊尹的教导行事，小心谨慎地遵守祖宗留下的规矩。但是，到了第三年，他就忘乎所以了，认为一切应当由他说了算，自己不该被家奴出身的宰相伊尹管着。于是，他开始恣意妄为，不听伊尹的规劝，破坏了祖宗留下来的规矩。他居然学夏桀的样子，以暴虐的手段对待百姓，百姓因此怨声载道。

伊尹不能容忍太甲影响汤留下的社稷。他先是一再规劝，希望太甲对自己的行为加以约束，后来看到太甲屡教不改，就把太甲赶下台，放逐到汤的陵墓所在地桐宫。

太甲被放逐到桐宫后，与祖父汤的陵墓朝夕相伴。汤虽然是商朝的开国君主，其陵墓却很普通，只有一座低矮的宫室供一年一度祭祖所用。

守墓的老人听说太甲是因为违背祖宗的制度被放逐到墓地上来的，就把当年汤建功立业的故事和汤定下的种种规矩讲给太甲听，教育太甲应当以自己的祖父为榜样，做个贤明的君主。祖父汤的伟大功绩，让太甲既神往又羞愧。他开始反思自己的所作所为，越来越觉得自己对不起祖父在天之灵，就决心改正错误。

三年过去了，其间伊尹时刻关注着太甲在桐宫的表现，太甲的悔过自新让伊尹感到欣慰，于是伊尹把太甲接回都城亳，严肃而郑重地把政权交还给他。

太甲以前事为师，按汤传下来的章法循规蹈矩地做事，听从身边大臣的良言良策，把国家治理得井然有序，让商朝进入了一个稳定发展的时期。

知识拓展

商朝的继承法是兄死弟及，如果没有弟弟，就传位给儿子。汤没有弟弟，所以该由他的长子太丁即位，可是太丁比父亲去世得早，因此就由太丁的弟弟外丙即位。外丙在位三年后去世，他的弟弟仲壬即位。仲壬在位四年后去世，这时候开国元老伊尹做主，由太丁之子太甲继承王位。

wò 沃 dīng 丁

商朝第五位君主。

沃丁，亦称“羌（qiāng）丁”，子姓，名绚（xuàn），太甲之子，商朝第五位君主。

沃丁在其父太甲死后即位。沃丁即位时，仍以伊尹为相。在伊尹去世后，沃丁以天子之礼将伊尹安葬在都城亳附近，以表彰伊尹对商朝做出的伟大贡献。

伊尹之后，沃丁以咎（jiù)单为卿（qīng）士（执政官名），即宰相。

咎单也是汤时的老臣。他辅佐沃丁时，仍然采取伊尹节用宽民的政策，笃行汤法；并且创作《沃丁》来总结伊尹的从政经验，用以警醒沃丁，发扬祖制，以德治商。

tài 太 gēng 庚

商朝第六位君主。

太庚又作“大庚”，误称“小庚”，子姓，名辩，是商朝第六位君主。

太庚是太甲之子、沃丁之弟。他在位期间履行汤法，是商朝的一代明君。

xiǎo jiǎ

小甲

商朝第七位君主。

小甲，名高，太庚之子，是商朝的第七位君主。

小甲在位时，商朝仍以亳为都，国势尚可；小甲死后，他的弟弟雍己即位，商朝开始由盛转衰。

yōng jǐ

雍己

商朝第八位君主，在位时，商朝开始衰落。

雍己是太庚之子、小甲之弟、太戊之兄。在小甲去世后，他继承王位，成了商朝第八位君主。雍己昏庸无能，荒废政事，导致商朝衰落。与此同时，各诸侯的势力日趋膨胀，因此很多诸侯故意不来朝贡。

tài wù
太戊

商朝第九位君主，任用贤臣治理国家，让商朝恢复兴盛。

太戊（？—前1401年），亦作“大戊”“天戊”，子姓，名密，太庚之子，商朝第九位君主。

太戊即位后，启用伊尹之子伊陟（zhì）担任国相，并任用巫咸辅佐朝政。巫咸治理政事很有成效，写下了《咸艾》和《太戊》。《咸艾》总结了巫咸辅佐政事的经验，《太戊》记述了太戊时期的历史，现今均已失传。

太戊曾在祖庙称赞伊陟，不把伊陟当臣子看待。伊陟谦让，于是写下《原命》，希望太戊能发扬夏禹、商汤的王道。太戊在伊陟和巫咸的辅佐下，使本来开始衰落的商朝再度得以兴盛，各诸侯纷纷归顺商朝，后世因此尊称太戊为“中宗”。

知识拓展

巫咸：据《尚书》记载，巫咸是商王太戊身边的一位贤臣。他的儿子巫贤在太戊的孙子祖乙即位后任国相，也有贤臣之誉。传说巫咸是鼓的发明者；还有传说说他测定过恒星，是个占星家，是中国最早的天文学家。

仲（zhòng）丁（dīng）

商朝第十位国君，迁都隞（áo）。

仲丁，子姓，名庄，商王太戊之子，商朝第十位君主。

仲丁元年，仲丁将都城从亳西迁到隞（áo）。仲丁在位十三年（《竹书纪年》记载他在位九年）后去世。仲丁死后，诸弟为争夺王位，产生纷争。纷争持续数年，都城变迁数次，商朝一度衰落。

知识拓展

《竹书纪年》：古代编年体史书，因原写于竹简而得名；因在汲（jí）郡的战国魏墓中发现，又称《汲冢（zhǒng）纪年》，是晋国、魏国史官所著编年体通史。《竹书纪年》全书共十三篇，记载了夏、商、西周、春秋时的晋国及战国时的魏国的历史，按年编次。

外壬（wài rén）

商朝第十一位君主，造成商王朝王位继承纷争，史称“九世之乱”。

仲丁死后，外壬成功地夺取王位。他即位后向诸弟妥协，造成了商王朝王位继承纷争，史称“九世之乱”。

由于商王室衰落，㑘（shēn）、邳（pī）两个诸侯国趁机发动了叛乱，外壬采取的军事措施无法抵挡敌人，据说最后还是在大彭国的帮助下平定了㑘、邳的叛乱。

据说大彭国是在彭氏部落首领彭祖的带领下建立的，是夏朝时东方比较强大、与夏朝政治关系比较密切的属国。

河亶甲（hé dǎn jiǎ）

商朝第十二位君主，迁都相。

河亶甲，甲骨文作“戋（jiān）甲”，亦称“整甲”。是商王太戊之子，商王仲丁和外壬的弟弟，商朝第十二位君主，在其兄外壬死后即位。

河亶甲即位后，内忧外患，矛盾重重，只得以迁都来扭转不利的局势，于是将都城从嗷迁到相。这次迁都在一定程度上缓解了王族内部的矛盾。稍事整饬（chì）后，河亶甲便先后发动征讨兰夷（yí）、班方的战争。河亶甲的一系列努力对商朝的稳定做出了贡献，为其后的祖乙复兴打下了基础。

祖乙（zǔ yǐ）

商朝第十三位君主，多次迁都。

祖乙，亦称“且乙”，子姓，名滕（téng）（一作“胜”），商王河亶甲之子。

祖乙即位时，商朝的都城在相。因相地处黄河下游，河水时有暴涨，河水一涨便洪水泛滥，不仅使得大量庄园被冲毁，黎民百姓也很难定居，生命财产安全得不到保障，就连王都也朝不保夕。祖乙为此整日锁眉不展、寝食不安。祖乙身边的贤臣巫贤建议迁都于耿。

祖乙二年，由于河患，耿被冲毁，于是祖乙只能再次迁都于邢。

祖乙迁都于邢时，一部分商朝的公族没有跟随他南迁，仍然留在耿地。祖乙将他的弟弟祖丙封于耿地，建立耿国。

后来，邢也被水冲毁。祖乙又将都城迁到了庇。祖乙迁到庇之后，营建都城，立宗庙，建社稷，造营室，使社会经济得到恢复和发展，商朝又再度兴盛起来。

zǔ xīn 祖辛

商朝第十四位君主。

祖辛，亦作“且辛”，子姓，名旦，商王祖乙之子，祖乙去世后即位，是商朝第十四位君主。

祖辛即位时，商朝仍处于九世之乱期间。内乱使商朝进一步衰落。祖辛去世后其弟沃甲即位。

wò jiǎ 沃甲

商朝第十五位君主。

沃甲，《世本》和《竹书纪年》作“开甲”，亦作“羌甲”，子姓，名逾，商王祖辛之弟，商朝第十五位君主。

知识拓展

《世本》：古代谱牒。“世”指世系，“本”则表示起源。据说该书是由战国时史官所撰，也有说法说该书是由汉代人所撰。全书记载从黄帝到春秋时期的帝王、诸侯、卿大夫的世系和氏姓，也记载都邑、制作、谥法等，分为《帝系》《王侯世》《卿大夫世》《氏族》《作篇》《居篇》等。

祖丁
zǔ dīng

商朝第十六位君主。

祖丁，亦作“且丁”，子姓，名新，商朝第十六位君主。

祖丁是祖辛之子，沃甲之侄，南庚堂兄，盘庚之父。

南庚
nán gēng

商朝第十七位君主。

南庚，子姓，名更，商朝第十七位君主。

《史记·殷本纪》记载他是沃甲之子、祖丁堂弟，而殷墟卜辞说他为祖辛之子、祖丁之弟。南庚在祖丁死后即位。

南庚在位时，商朝再度衰落，他将国都由庇迁至奄。

阳甲
yáng jiǎ

在位时，内乱不止，诸侯不朝。

阳甲是祖丁之子，在南庚死后即位，是商朝第十八位君主。

他在位期间商朝内乱不止，诸侯不朝。阳甲已无法控制局面。

pán 盘 gēng 庚

在位时，率众西渡黄河来到殷，史称“盘庚迁殷”。

盘庚，名旬，阳甲之弟，是商朝第十九位君主。盘庚即位之初，商朝国都位于黄河以北的奄。

约公元前 1300 年，为避水灾，盘庚决定迁都到殷。

当时商朝已经多次迁都，因此民众听说又要迁都，都怨声载道，不想搬迁。商朝的许多贵族也反对迁都至殷。盘庚面对强大的反对势力，却并没有动摇迁都的决心。他把反对迁都的贵族找来，耐心地劝说他们。盘庚告诉他们殷一带土肥水美，山林有虎、熊等兽，水里有鱼、虾，并发表了一次重要的演讲。贵族们仍竭力反对迁都。盘庚便发布文告，命令他们必须服从。

盘庚率众向西渡过黄河来到殷，史称“盘庚迁殷”。

迁都到殷后，他以强硬的手段制止贵族们搬回旧都。同时他提倡节俭，改良风气，减轻剥削，终于稳定住了局面。

xiǎo 小 xīn 辛

商朝第二十位君主。

小辛是商王盘庚之弟，商王祖丁之子，子姓，名颂。

小辛在盘庚死后即位，相传在位二十一年。

xiǎo 小 yǐ 乙

制定了商朝的祭祀制度。

小乙，子姓，名敛（liǎn），商朝第二十一位君主。

相传他制定了商朝的祭祀制度，并且很好地培养了当时的太子武丁。

wǔ dīng
武丁

在位时，商朝国力大增，史称“武丁中兴”。

武丁，子姓，名昭，号武丁，商王小乙之子，商朝第二十二位君主。

相传他幼年的时候和平民一起劳动，与下层民众比较亲近，得以了解民众疾苦和稼穑（jià sè）艰辛。他想要复兴商朝，在政治上暂时结束了王位争夺之乱；注重人才，提拔傅说（yuè），任用甘盘，还改革用人制度，加强君主对官员的任免权。

另外，武丁通过用兵消除了边患，有利于边疆的开拓和发展，而且通过战争掠夺了大量财物和奴隶，从而促进了商代奴隶制社会经济的发展。武丁的统治让商朝国力大增，史称“武丁中兴”。

知识拓展

稼穑：种植和收割。泛指农业劳动。

zǔ gēng
祖庚

商朝第二十三位君主。

祖庚，武丁次子，名曜，商朝第二十三位君主，在位七年。

祖庚有长兄祖己。祖己因受后母诬陷，被父亲武丁驱逐，后含冤而死。

三弟祖甲为后母所生，为表示不愿与兄长争夺王位，便暗暗地离宫出走。武丁病死后，祖庚得以即位。祖庚在商朝历史上起到了承前启后的过渡作用。

祖甲

zǔ jiǎ

修改《汤刑》，限制贵族对人民的榨取和掠夺。

祖甲，子姓，名载，商王武丁之子，商王祖庚之弟，商朝第二十四位君主。

商王武丁偏爱幼子祖甲，曾打算废祖庚而改立祖甲。

祖甲认为这是违礼之举，不可强行废立，否则“九世之乱”的局面就可能重演。因此他效法武丁当年之举，离开王都，到平民中生活，这使祖庚非常感动。

武丁死后，祖庚继承王位，便立祖甲为王位继承人。祖庚即位七年后病死，祖甲这才回到王都即位。

祖甲曾经与平民一起生活，了解平民的疾苦。他修改《汤刑》，以严刑来限制大大小小的贵族对人民的榨取和掠夺。但是，这招致了贵族对祖甲的不满及刁难，使内部矛盾日益尖锐。

武丁、祖庚和祖甲统治的这一百余年，是商朝中兴的极盛之期。这一时期，商朝的统治力和国威远播四方，以青铜为代表的中原文明也非常辉煌。

lǐn xīn
廪辛

在位期间，商朝的农业、手工业和商业有很大发展。

廪辛，子姓，名先，商朝第二十五位君主。

他在位期间，商朝的农业和手工业都有很大的发展。

关于商朝使用的农具，考古学界一般认为以石、骨及蚌制铲、斧、镰、刀等为主，偶尔也发现有一些铜锸、铜铲等青铜工具，但不一定用于农业生产。当时的农业生产规模相当大，种植的农作物有粟、黍、稻、麦等。

当时的畜牧业也非常发达，人们还饲养六畜，祭祀有时用到几百甚至上千头家畜。

手工业的发展比农业更为突出。在殷墟和郑州商城遗址都发现了王室专用的青铜器的铸造作坊。当时的作坊有比较细致的分工，有世代擅长专精技艺的工匠。手工业的生产规模之大和技艺水平之高，是当时世界所罕见的。

当时的商业也有一定程度的发展，当时交易用海贝、骨贝、玉贝和铜贝等作货币。

据记载，周灭商后，在殷民中有一部分人“肇牵车牛远服贾，用孝养厥父母”。这些人就是从事长途贩运贸易活动的商贾。

kāng dīng 康丁

开辟了以殷为中心的田猎场。

康丁，子姓，名嚣（xiāo），甲骨文作“康且丁”，又作“庚丁”，商朝第二十六位君主。

康丁开辟了以殷为中心的田猎场，用于田猎和军事演习，当然也间接地起到了开垦荒地的作用。

wǔ yǐ 武乙

商朝第二十七位君主。

武乙，子姓，名瞿（qú），商王康丁之子，商朝第二十七位君主。

武乙作为商朝后期的一位重要君主，曾努力挽救国势，但是成效不大。

武乙还在神权政治向王权政治转变的过程中起到过表率作用，但是他生性残暴，贪于享受，无法挽救商朝衰落的国势。

文丁（wén dīng）

商朝第二十八位君主。

文丁，《史记》作“太丁”，《竹书纪年》作“大丁”，子姓，名托，商王武乙之子，商朝第二十八位君主，在位十一年。

他杀害周部落的季历，引起了商、周之间的矛盾，为商、周发生的战争埋下了伏笔。

帝乙（dì yǐ）

商朝第二十九位君主。

帝乙，子姓，名羡（xiàn），商朝第二十九位君主。他在位时间为前 1101 年—前 1076 年，共在位二十六年。

他即位时商朝已衰落，周围的部落开始进攻商朝。

帝辛

dì xīn

商朝最后一位君主。

帝辛，子姓，名受，世称“纣”（一说为“受”之音转）、商纣王等（“纣”是谥号）。他在位三十年（前 1075 年—前 1046 年）。他是商朝的末代君主，性格残暴，施行严刑峻法，沉迷于享乐，终于使得商朝被周朝所推翻。

帝辛在位期间，杀九侯、鄂侯、比干、梅伯等，囚周文王、箕子。他贪图享乐，沉湎于酒色，同时横征暴敛，施行暴政，导致统治失控。

他对内大兴土木，加重赋敛，严行周祭制度，推行严刑峻法；在对外政策上，帝辛继续尝试征服东夷，但损失巨大，不但未能挽救商朝，而且适得其反，加速了商朝的衰亡。

在传统史学叙述中，帝辛是与夏桀并称“桀纣”的典型暴君，终致众叛亲离、身死国灭。与帝辛相关的词语有“酒池肉林”“炮烙之刑”“牝鸡司晨”等。

周朝（前 1046 年—前 256 年）

周朝是中国历史上继商朝之后的王朝。周王朝一共传三十七王。

周朝分为西周（前 1046 年—前 771 年）和东周（前 770 年—前 256 年）两个时期。

周朝由周武王姬发创建，定都镐京。

周成王将成周作为武都，即当时的军事中心，并在此举行祭祀、赏赐臣子等一系列活动。

前 771 年，镐京陷落，西周灭亡。

前 770 年，周平王东迁，定都洛邑，史称“东周”。史书将西周和东周合称“两周”。其中东周以“三家分晋”为节点，又分为春秋和战国两个时期。

西周（前 1046 年—前 771 年）

中国历史朝代。从周武王灭商朝到周幽王亡国，共传十二王。

西周是中国奴隶社会的鼎盛时期，较之商朝社会生产力更强，农业更繁盛，文化也进一步发展。宗法制和井田制分别是当时最基本的社会政治制度和经济制度。周王朝强盛时，势力所及，南过长江，东北至今辽宁省，西至今甘肃省，东到今山东省。

周武王 姬（jī）发（fā）

周武王姬发（？—前 1043 年），西周王朝的开国君主（前 1046 年—前 1043 年在位）。

姬发是周文王姬昌与太姒的嫡次子。在周文王姬昌时期周的国力逐渐强大，“天下三分，其二归周”，这为灭商奠定了基础。姬昌崩逝后，其子姬发即位，史称“周武王”。

姬发对内重用贤良，继续以姜太公（即姜尚）为军师，并用弟弟周公旦为太宰，召公、毕公、康叔、丹季等良臣均各当其位，人才荟萃，政治蒸蒸日上；对外争取联合更多诸侯国，壮大力量。武王审时度势，一边积极为灭商准备条件，一边等待时机。为便于进攻商都朝歌，周武王在沣（fēng）水东岸建立了新都镐京。

周武王有着广阔的心胸和长远的眼光，还有果断处事的能力。在看到商朝的无道后，他并未立刻讨伐纣，而等时机成熟时再与诸侯前去讨伐。在伐纣的过程中，他以大无畏的精神亲自带领兵马直捣朝歌。纣王虽率领大军严阵以待，但却不敌。在牧野之战中，商军很快土崩瓦解，纣王自焚于鹿台，商朝灭亡。周王朝建立，定都镐京。

周王朝建立后，所面临的政治形势相当严峻。周武王担心以“小邦”之君统治如此大的区域，诸侯会叛乱。为了巩固政权，控制广阔的新征服区，适应新形势的需要，武王决定按功行赏，调整统治集团的内部关系，实行以周王室为中心的分封制度。周初沿用商的分封制，把王族、功臣以及先代的贵族分封到各地做诸侯，建立诸侯国。

先后受封的功臣主要有：姜太公、周公旦、召公奭（shì）等。

由于过度辛劳，周武王在灭商后的第二年就病倒了。当时，天下尚未安宁，大臣们都担心周武王的逝世将会带来动乱。周武王的病情曾一度稍有好转，但很快又恶化了，弥留之际，还念念不忘尚未安宁的天下。他担心自己的儿子姬诵（sòng）年纪尚幼，缺乏政治经验，不足以担起管理天下的重任，便把辅政的大事全部委托给了周公旦。不久后，周武王驾崩。

周成王 姬(jī)诵(sòng)

周成王姬诵（？—前 1021 年），西周第二位君主（前 1042 年—前 1021 年在位）。

姬诵是周武王姬发与王后邑姜的儿子，姜太公的外孙。姬诵幼年即位，天下初定，叔父周公旦唯恐诸侯叛周，于是摄政。

周成王为政期间，大封诸侯，加强宗法统治；建设东都成周；对内推行周公“明德慎罚”的主张，务从节俭，用以缓和阶级矛盾；对外不断攻伐淮夷，用武力控制东方少数民族地区，取得了重大胜利。另外，周成王还命令周公制作礼乐，制定各项规章制度，奠定了西周王朝的基础。

知识拓展

宅兹中国：出自国宝级西周青铜器何尊上的铭文。铭文记载了周成王继承周武王的遗志，迁都被统称为“成周”的洛邑，也就是今河南洛阳这一重要史实。铭文中的“宅兹中国”是“中国”一词迄今发现的最早来源。

周康王 姬(jī)钊(zhāo)

周康王姬钊（约前 1036 年—前 996 年），西周第三位君主（前 1020 年—前 996 年在位）。

周康王即位后，遍告诸侯，向他们宣告周文王、周武王的事业，以申诫诸侯，并推行武王、成王以来的政策。在周公旦、召公奭和毕公高等贤臣的辅佐下，周成王至周康王时期，天下安定，四十多年没有使用刑罚，史称“成康之治”。

知识拓展

《康诰》：西周时周成王任命康叔治理殷商旧地民众的命令。

《康诰》是《尚书》中的一篇，《尚书》是中国上古历史文件的汇编。“尚”即“上”，《尚书》意即上古之书。相传，《尚书》由孔子编选而成，传本有些篇是后人追述补充进去的，如《尧典》《皋陶谟》《禹贡》等。西汉初存二十八篇，用当时通行文字书写，即《今文尚书》。

周昭王 姬瑕（jī xiá）

周昭王姬瑕（？—前 977 年），西周第四位君主（前 995 年—前 977 年在位）。

姬瑕是周康王姬钊之子，在继承王位后，决心继承并扩大“成康之治”的事业，继续稳固和发展周朝的疆域。他首先向东方的东夷部落发动战争，并取得了胜利。这场胜利不仅巩固了周朝在东方的地位，还为他接下来的南征打下了坚实的基础。

为了巩固已经获得的中南方战略资源（主要是铜），姬瑕决定南征。他多次以南方的曾国、邓国和鄂国等诸侯国为先锋，攻打并平定了虎方、荆楚和扬越等地区，以及淮夷、三苗后裔楚蛮等部族的叛乱。他的南征行动深入到了江汉以南的地区。

然而，姬瑕的南征并非一帆风顺。在周昭王十九年，他亲自率领大军南征楚国。但在渡汉水时，周昭王落水而死，宗周六师也基本全军覆没。

周穆王 姬（jī）满（mǎn）

周穆王姬满（？—约前 922 年），西周第五位君主（前 976 年—前 922 年在位）。

姬满是周昭王之子，是西周在位时间最长的君主。

《穆天子传》写了周穆王西游的故事。传说他曾经率领大批随从，携带大量金银玉器、丝织品和手工艺品，从国都镐京出发，开始了一次长途旅行。他们先向东经过了河南、山西等地，然后北上出了雁门关，随后沿着黄河一直向西游历。

周穆王曾西击太戎，东攻徐戎；又曾起师南伐到九江一带。由于司寇（kòu）吕侯的请命，周穆王颁《吕刑》，这是有关刑法的文告，用以告四方，正天下。周穆王励精图治，统治期间天下比较安宁。

知识拓展

司寇：中国古代主管司法、刑狱的官名。相传商代的天子王宫中便有司寇。传统观点认为，西周时出现了司寇一职。《周礼》将司寇列为六卿之一。

周共王 姬繄扈

jī yī hù

周共王姬繄扈（？—约前 900 年），西周第六位君主（前 922 年—前 900 年在位）。

姬繄扈是一位有智慧的君主。当他发现国家的财政状况不佳时，便进行了一系列的改革。他规定，贵族们私自开垦的耕地必须如实申报，否则就会被视为非法私田，并会被充公。这些改革有助于改善国家的财政状况。

相传，周共王在位期间，曾出游到泾水边，当时密国国君密康公跟随周共王出游。恰逢有三个女子来投奔密康公，密康公的母亲隗氏对他说：“你一定要把她们献给君王。野兽够三只就叫‘群’，人够三个就叫‘众’，美女够三人就叫‘粲’。君王田猎时，也不敢猎取成群的兽；诸侯出行时，对众人也要谦恭有礼；君王娶嫔妃，都不敢娶同胞三姐妹。那三个女子都很美丽，那么多美人都投奔你，你有什么德行承受得起呢？君王尚且承受不起，更何况你这样的小人物呢？小人物位卑而拥有美物，最终准会灭亡。”密康公不听母亲的劝告，没有献出那三个女子。这一行为激怒了周共王，不久，周共王派兵灭了密国。

周懿王 姬（jī）囏（jiān）

周懿王姬囏（约前 937 年—前 892 年），西周第七位君主（前 899 年—前 892 年在位）。

周懿王在位期间，周朝开始走上衰微之路，京畿（jī）之地数次遭到西戎攻击，但周懿王生性懦弱，不思进取，持消极退避态度，以迁都作为逃避攻击的手段。他被迫将都城迁往犬丘。这种情况进一步打击了周王朝的统治阶级，使其相关利益和尊严都受到了严重损害，加剧了周朝统治集团内部的矛盾。

周孝王 姬（jī）辟（pì）方（fāng）

周孝王姬辟方（？—前 886 年），西周第八位君主（前 891 年—前 886 年在位）。

为了长治久安，避免周朝统治集团内部斗争，周王朝的统治者制定了嫡长子继承制。

西周前期，周王朝统治者严格按照嫡长子继承制确定继承人，有效避免了王室内部因为争夺王位自相残杀的局面，确保了周王朝前期的稳定。但在宗法制森严的西周，却出现了一位没有遵守嫡长子继承制而登上王位的君主——周孝王。

周懿王死后，理应由太子姬燮（xiè）继位，但是姬燮懦弱无能，姬辟方乘机夺取王位，成为周孝王。

周孝王登基之后励精图治，西败西戎，迫使西戎贡马求和。

西周时期，马已经成为国家重要的战略资源，无论是祭祀、农耕还是战争都需要大量健壮的良马。但周朝养马业发展一直缓慢，许多优质马匹都要从别的国家买。此次西戎进献的一百匹马，大部分都是母马。周孝王为发展王朝的养马业，让非子前往汧、渭之间，为周王室养马。

周孝王开辟专门的牧场来保证周王朝马匹供应，为周王朝应对其他国家的军事威胁提供了可靠的保证，也对周王朝内部各诸侯国起到了军事震慑作用，加强了宗周的统治力量。

周孝王六年（前 886 年），非子为王室养马三年，马群大增，为西周王朝创造了一笔很大的财富。周孝王因非子养马有功，将他封于秦邑，赐姓嬴。

周夷王姬燮（？—前 878 年），西周第九位君主（前 885 年—前 878 年在位）。

周夷王在位时期，周王室处于衰落阶段，因此有的诸侯不来朝贡，还互相攻伐。周夷王曾听信纪国国君纪炀侯的谗言，将齐国国君齐哀公烹杀，并改立其弟齐胡公为君。

周厉王 姬（jī）胡（hú）

周厉王姬胡（？—前 828 年），西周第十位君主（前 877 年—前 841 年在位）。

姬胡在位期间进行了一些改革。他任用荣夷公执政，实行“专利”政策，也就是以国家的名义垄断山林川泽物产，不允许国人（指居住在国都的人）依靠这些资源谋生，以此剥削人民。这一政策违背了周人共同享有山林川泽以利民生的典章制度，引起了国人的不满和反抗。

姬胡贪财好利，并因此引起了政局的动荡。他不接受大臣芮良夫的规谏，也不听从召公虎的劝谏，反而继续任用荣夷公推行“专利”政策，并启用卫巫监谤，杀死持反对意见者，这使得国人更加愤怒和不满。最终，在前 841 年，国人暴动，姬胡被迫流亡到彘（zhì），并死在那里。

共和行政

共和行政又称“周召共和”，国人暴动攻入王宫，周厉王逃跑后，政权由共伯和（一说周定公和召穆公）执掌，称为“共和”。

共和元年，即前 841 年，是中国历史有确切纪年的开始。

共和行政是中国历史，尤其是编年史上的一件大事。正是从共和行政开始，中国的历史有了确切的纪年，并一直持续到今天，数千年来不曾间断。国人暴动后，周王朝中央政权处在风雨飘摇的状态下，王位

虚悬十四年，其间周公、召公共和行政。这种纷乱状态一直持续到周宣王即位，周王才又一次获得天下共主的地位。周宣王并非周厉王的长子，他能登上王位，是共和行政时期局势混乱的结果。

近代以来，学者结合《竹书纪年》和其他文献中的蛛丝马迹，认为“共和”是一个名号为“共伯和”的人，这一观点逐渐成为主流。

周宣王 姬（jī）静（jìng）

周宣王姬静（？—前 782 年），西周第十一位君主（前 827 年—前 782 年在位）。

姬静是周厉王之子，在国人暴动时被召穆公救下。

姬静即位后任用贤臣召穆公治理国家，使西周的国力得到短暂恢复，史称“宣王中兴”。可惜他晚年不听忠言，对外用兵接连遭受失败且耗费巨大，加之独断专行、滥杀大臣，使得“宣王中兴”遂成昙花一现，为西周的灭亡埋下伏笔。

周幽王 姬（jī）宫（gōng）湦（shēng）

周幽王姬宫湦（？—前 771 年），西周第十二位君主（前 781 年—前 771 年在位）。

姬宫湦是周宣王姬静之子，西周的最后一位君主。

周幽王沉湎酒色，不理国事，在位期间各种社会矛盾急剧尖锐化，政局不稳；重用奸臣虢（guó）石父主持朝政，为政严酷，加重对百姓的剥削，加上地震、旱灾严重，百姓流离失所，怨愤不已。

周幽王三年（前 779 年），周幽王废嫡立庶，废黜王后申后和太子姬宜臼（jiù），而立宠妃褒（bāo）姒为王后，立褒姒所生之子姬伯服为太子，并加害太子姬宜臼，致使申后的父亲申侯大为愤怒。

周幽王十一年（前 771 年），申侯联合缯国、犬戎伐周，在骊山下杀死周幽王，西周灭亡。

周幽王死后，诸侯们与申侯共同拥立前任太子姬宜臼即位，是为周平王。周平王东迁洛邑，进入东周时期。

东周（前 770 年—前 256 年）

前770年，周平王即位，将都城迁到洛邑，后称“东周”。东周的前半期，诸侯争相称霸，称为“春秋”；东周的后半期，韩、赵、魏三家分晋，各诸侯国连年征战， 称为“战国”。东周共传二十五王。这一时期是中国的社会制度剧烈转变的时期。

周平王 姬（jī）宜（yí）臼（jiù）

周平王姬宜臼（？—前 720 年），东周第一位君主（前 770 年—前 720 年在位）。

周幽王死后，在诸侯的拥立下，周平王继承了王位。他知道周朝已经变得非常衰弱，很多诸侯国都不再听从周朝的命令，而且，一些诸侯国还被一个叫作犬戎的部落威胁，生活非常艰难。

为了避开犬戎的威胁，周平王决定把都城从镐京迁到洛邑。这个计划并不容易实现，但他得到了秦国国君秦襄公的帮助。秦襄公派兵护送他们迁都，还帮助他们打退了犬戎的进攻。

在洛邑，周平王开始努力重建周朝。他任命了一些有才能的大臣来辅佐他，还提拔了秦襄公为诸侯，赐他岐山以西的土地。这样，秦国逐渐强大起来。

周平王东迁后，周王室势力衰微。周平王名为天子，实际上要看各大诸侯的脸色行事。

在周平王即位同时，诸侯虢公翰（hàn）拥立周幽王之弟余臣为天子，史称“周携王”，周王朝出现两王并立的局面。

周平王二十一年（前 750 年），支持周平王的晋文侯攻杀周携王，结束了周王朝长达二十年的两王并立局面，使周王朝再度统一，稳定了东周初年的局势。

知识拓展

犬戎：古代部落名，古戎人的一支，也称“畎（quǎn）夷”“昆夷”，为游牧民族。值得一提的是，当时的犬并不像现在这样完全脱离狼的状态，有的如狼一般凶猛。

周桓王 姬（jī）林（lín）

周桓王姬林（？—前 697 年），东周第二位君主（前 719 年—前 697 年在位）。

周桓王在位期间，因郑国有扶立周王室之功，将位于黄河北岸、泌水之南的温地赐给郑国，周王朝的疆域再度缩小。

以前，诸侯去世，其子在即位和治丧完毕后，必须赶往都城接受周天子的册封，以求得合法地位。周桓王八年（前 712 年），鲁桓公谋杀其兄鲁隐公后自立为君，不向周桓王请求册封。从此，诸侯由周天子册封的制度遭到破坏。

知识拓展

鲁国：前 11 世纪西周分封的诸侯国，国君姬姓鲁氏。关于鲁国国名的来源，没有明确的记载。目前已发现的史料只记载了周公旦长子伯禽为开国君主，沿用周公初封地“鲁”的称号建立鲁国。

周庄王 姬（jī）佗（tuó）

周庄王姬佗（？—前 682 年），东周第三位君主（前 696 年—前 682 年在位）。

姬佗是周桓王姬林之子，东周第三位君主。周庄王的弟弟为抢夺他的王位，还和大臣周公黑肩一起密谋害他。但是，周庄王及时发现了这个阴谋，并在辛伯的帮助下，成功地平定了这次叛乱。

周庄王与齐国联姻，将一个妹妹嫁给齐国国君齐襄公，一个妹妹嫁给齐桓公。

周庄王还有一个非常特别的身份——曲艺行业的祖师爷。虽然这只是一个传说，但也说明了他在人们心中的特殊地位。

周釐（xī）王 姬（jī）胡（hú）齐（qí）

周釐王姬胡齐（？—前 677 年），东周第四位君主（前 681 年—前 677 年在位）。

周釐王在位时期，变革周文王和周武王时期所制定的政治制度，制作颜色华丽的服饰，建造高大奢侈的宫室。因此，孔子还曾作诗讽刺他。

在周釐王统治的时期，齐桓公在管仲的辅佐下，把齐国治理得国富兵强。齐桓公提出“尊王攘夷”的口号，表示要尊重周天子，并抵御外族对中原地区的侵略。为了表示对周釐王的尊重，齐桓公还派使臣去朝贺周釐王。

周釐王看到齐国如此恭敬非常高兴，于是答

应齐桓公讨伐宋国的请求，并允许他召集诸侯组织会盟。这样一来，齐桓公就成了诸侯的盟主，帮助周釐王管理其他国家。

晋国的曲沃武公想取代晋国国君，便用珍宝贿赂周釐王。于是周釐王承认曲沃武公的合法地位，封他为晋国国君，是为晋武公。

知识拓展

齐国：前 11 世纪周公东征后分封的诸侯国，疆域位于现今山东省大部、河北省南部，有吕齐和田齐两个时期。始封君为太公望吕尚，即姜太公。

晋国：前 11 世纪西周分封的诸侯国。前 403 年，周威烈王册封韩、赵、魏为诸侯，史称“三家分晋”。前 376 年，末任晋侯晋静公被废为庶民，晋国正式消亡。

周惠王 姬（jī）阆（làng）

周惠王姬阆（？—前 652 年），东周时期第五位君主（前 676 年—前 652 年在位）。

周惠王即位后，因为喜欢打猎，所以占用了卫国的一个园圃来饲养野兽，作为他的狩猎场。然而，这个举动让卫国的人民感到非常不满。就在周惠王即位的第二年，有五位大夫不满周惠王的做法，联合起来发动了一场叛乱。他们立王子颓（周庄王之子）为新的周天子，并把周惠王赶出了王宫。周惠王只好逃到温地避难。

郑厉公试图调停王室冲突，但没有成功，于是，郑厉公在栎（yuè）地收容了周惠王，并在几年后联合虢国一起攻入王城，帮助周惠王平定了叛乱，重新夺回了王位。为了感谢郑国和虢国的帮助，周惠王把虎牢以东的地方赐给了郑国，将酒泉赐给了虢国。周王朝的疆土再一次缩小。

知识拓展

郑国：开国君主为周宣王之弟郑桓公姬友。郑国以经济发达、法制健全、政治民主和诗乐文化繁荣而闻名，是法家思想的重要起源地之一。前 375 年，郑国被韩国灭亡。

虢国：姬姓，是周朝初期重要诸侯国，前后有五个，为西虢、东虢、小虢、南虢、北虢。虢给世人留下了“假途灭虢”的典故，以及“唇亡齿寒”的千古遗训。

周襄王 姬（jī）郑（zhèng）

周襄王姬郑（？—前 619 年），东周第六位君主（前 651 年—前 619 年在位）。

周襄王在位时期，诸侯争霸日益激烈。在这个时期，许多大国都在努力扩张自己的势力，而周王室的地位逐渐下降。然而，周襄王并没有放弃，依然努力维护周王室的尊严和地位。周襄王的异母弟弟王子带多次发动叛乱，招戎狄攻占都城。前 636 年，周襄王在危急时刻，不得不仓皇逃出都城，避居于郑国的汜（sì）地。面对如此困境，周襄王向各国诸侯求救，寻求帮助。次年，晋文公出兵攻克了王子带所在的温地，生擒了王子带，并护送周襄王回王城复位。

为了感谢晋文公的帮助，周襄王将阳樊、温、原和攒茅四邑赐给了晋文公。

周顷王 姬（jī）壬（rén）臣（chén）

周顷王姬壬臣（？—前 616 年），东周第七位君主（前 618 年—前 613 年在位）。

在周顷王的时代，周王室已经衰落，财政状况非常困难。甚至在他父亲周襄王去世后，周顷王都没有足够的钱来安葬他的父亲。为了筹集丧葬的费用，他不得不向邻近的鲁国求助。鲁国的国君鲁文公知道了这个情况后，慷慨地送来了金钱，帮助周顷王安葬了他的父亲。这时已经是周襄王死后第二年的二月了。

由于周王室的衰落，周顷王的权力其实并不稳固，他需要应对各种复杂的政治局势。

周匡王姬班

周匡王姬班（？—前607年），东周第八位君主（前612年—前607年在位）。

周匡王在位时期，各地的诸侯竞相争霸，而周匡王则努力维持着国家的稳定。

他在位期间，晋国发生了历史上著名的赵盾事件。

在晋国，有一位重臣赵盾，在晋襄公在位时就在辅政。晋灵公即位后，赵盾总是尽力帮助晋灵公做出正确的决定，让国家更加繁荣昌盛。但是，晋灵公荒淫暴虐，并不喜欢听从赵盾的建议，反而因为赵盾的直言不讳而对他心生怨恨，决定要杀死赵盾。他派了一个大力士去赵盾的家里行刺。但是，这个大力士到了赵盾的家里后，发现赵盾非常简朴，而且一直在为国家的事情操心。大力士觉得赵盾是一个真正为百姓着想的好大臣，不忍心杀死这样的人。最后，大力士选择了自杀，因为他既不能违抗君主的命令，也不愿伤害一个无辜的好人。

晋灵公得知大力士没有杀死赵盾后非常生气，但也知道赵盾在百姓心中的地位很高，不敢轻易动手。于是，他邀请赵盾来喝酒，并在酒席中埋伏了杀手。但是，赵盾的随从提弥明非常聪明，发现了晋灵公的阴谋，并成功地帮助赵盾逃脱了险境。

后来，赵盾为了躲避晋灵公的迫害而逃出晋都。族人赵穿知道了晋灵公想要杀害赵盾的事情后，为了保护赵盾和家族的利益，将晋灵公杀死了。这样一来，赵盾就安全了。于是赵盾返都并拥立晋成公为君。

周定王 姬(jī)瑜(yú)

周定王姬瑜（？—前586年），东周第九位君主（前606年—前586年在位）。

姬瑜是周顷王之子，周匡王之弟。

周定王在位的时候，一些大的诸侯国对周王朝和周天子已经没有了过去的尊敬。周王朝的权力逐渐衰弱，各个诸侯国不断争霸，导致了社会的动荡和不安。

周定王在位期间，楚国在楚庄王的领导下逐渐强大起来。楚庄王虽然在即位之初有些放纵，但后来在大臣们的劝说下，整顿朝政，实行改革，扩充军队，使得楚国的国力大增，并攻灭了一些小国。

有一次，楚庄王带兵攻伐陆浑的戎族，事后竟在周王朝的边境上阅兵示威。这让周定王感到非常不安，他赶忙派大臣王孙满去慰劳楚军。

楚庄王向王孙满询问了周朝都城宗庙内九鼎的“小大轻重”。九鼎是天子权力的象征，询问九鼎的重量，意味着有觊觎天子权位的野心。王孙满先讲了九鼎来历，然后说明得天下“在德不在鼎”，楚庄王才引兵退去。这件事后来被称为“问鼎中原”。

知识拓展

楚国：西周时立国于荆山一带，又称“荆”“荆楚”，是先秦时期位于长江流域的诸侯国，国君为芈姓、熊氏。周成王时期，楚人首领熊绎被封于楚。楚怀王攻灭越国，使楚国疆域扩大到今江苏、浙江一带。前223年，秦军攻破楚都寿春，楚国正式灭亡。

周简王 姬(jī)夷(yí)

周简王姬夷（？—前 572 年），东周第十位君主（前 585 年—前 572 年在位）。

周简王在位时期，周朝的天子权威已荡然无存，诸侯国之间的争霸战争愈演愈烈。他在位期间，晋、楚、秦、宋、郑等国相互攻伐不止，位于东南地区、原为楚国属国的吴国兴起，屡次攻入楚国，也卷入了春秋争霸的大混战。

知识拓展

宋国：前 11 世纪，周公将商旧都周边地区分封给帝辛的庶兄微子启，建都商丘。国君为子姓、宋氏。宋国于前 286 年被齐国灭亡。

吴国：始祖为周文王的伯父太伯，国土范围包括今江苏、上海大部和安徽、浙江的一部分。前 473 年，吴国被越国灭亡。

周灵王 姬（jī）泄（xiè）心（xīn）

周灵王姬泄心（？—前 545 年），东周第十一位君主（前 571 年—前 545 年在位）。

周灵王在位的时候，曾经尝试通过“弭兵会盟”来结束诸侯国之间的战争，让各国和平共处。当时晋、楚两个大国国内矛盾尖锐，都打算暂停争霸战争。这次会盟发生在前 546 年，由宋国的向戌（xū）促成，共有晋、楚、齐、秦、宋、卫、郑、鲁、陈、蔡、曹、许、邾、滕十四个国家参加。会盟上，各国约定停止战争，并奉晋、楚两国为共同的霸主。然而，由于各国内部的争权斗争非常尖锐，这次会盟并没有完全实现它的初衷。

知识拓展

卫国：周朝的姬姓诸侯国，建都朝歌，曾迁至楚丘，后又迁至商丘。战国时期国力已弱，于前 252 年成了魏国的附庸国。前 209 年，卫君角被秦二世废为庶人，卫国彻底灭亡。

陈国：周朝的妫姓诸侯国，第一代国君是帝舜后裔妫满，建都宛丘。曾被楚灭后改为县，后复国。前 478 年再次被楚灭亡。

蔡国：周朝的姬姓诸侯国，第一代国君为周武王之弟蔡叔度，建都上蔡。前 531 年，楚国灭蔡国。蔡平侯复国后，迁都新蔡，蔡昭侯时迁到州来。前 447 年，蔡国又被楚国所灭。

曹国：周朝诸侯国之一，国君姬姓。第一代国君为周文王嫡六子曹叔振铎。西周时期，曹国为一方大国，与鲁国共守王朝东土，起过重要作用，与晋、鲁、卫、蔡同列“十二诸侯”。前487年，宋景公灭曹。

许国：周朝时期的一个诸侯国，西周初年，周成王封许文叔于许，建立许国。国君为姜姓许氏，爵位为男爵。

邾（zhū）国：古称“邾娄”，也作“邹国”，周朝东方方国之一，曹姓、子爵。

滕（téng）国：周朝分封的诸侯小国，姬姓。前414年，滕国被越王朱勾所灭，不久复国。战国时期，宋康王称王，复国后的滕国于前296年为宋国所灭。

周景王 姬（jī）贵（guì）

周景王姬贵（？—前520年），东周第十二位君主（前544年—前520年在位）。

周景王在位期间，周王室的财富已经大大减少，甚至需要向各国借来维持宫廷的开支。有一次，他宴请晋国的大臣籍谈的时候，甚至需要用鲁国送来的酒壶来斟酒。周景王问为什么晋国没有贡物，籍谈说晋国从未得到王室的赏赐。周景王听后，便列数了王室赐给晋国的土地和器物，责备晋国使臣“数典而忘其祖”。这就是成语“数典忘祖”的来源。

尽管周景王面临着诸多困难和挑战，但他还是做出了一些有意义的尝试。例如，他铸造了大钱，这是中国历史最早的、有记录的铸钱举措。这一举措可能是为了缓解王室的财政困境，也可能是为了增加每个货币的购买力，促进市场交易，改善经济状况。然而，由于各种原因，这一尝试并没有取得预期的效果。

周悼王 姬（jī）猛（měng）

周悼王姬猛（？—前 520 年），东周第十三位君主（前 520 年在位）。

姬猛是周景王的儿子。他有一个哥哥叫太子寿，但太子寿早早地就去世了。于是，周景王就立姬猛为太子，希望他将来能够继承王位，成为周朝的君主。

周景王还有一个非常受宠的庶子叫姬朝，也就是王子朝。王子朝也很想成为周朝的君主，所以他一直在暗中活动，想要夺取王位。

周景王刚去世，王子朝的党羽就开始行动了。他们利用周景王的葬礼，发动了一场叛乱。王子朝的党羽带着一些失去职位的旧官吏、百工和一部分兵士，企图夺取王位。在叛乱中，姬猛被王子朝的党羽劫走。但是，幸运的是，晋国的军队及时赶到，救出了姬猛，并将他护送回了都城。然而，姬猛并没有顺利地即位。被送回的姬猛很快就去世了（一说是被王子朝杀害），谥号悼王。他的弟弟姬匄（gài）即位，即周敬王。

周敬王 姬(jī)匄(gài)

周敬王姬匄（？—前 476 年），东周第十四位君主（前 519 年—前 476 年在位）。

周敬王姬匄是周景王之子，他的王位并不稳固。他与王子朝之间仍然存在冲突，王子朝的支持者儋（dān）翩（piān）还曾经起兵举事，试图推翻周敬王的统治。但是，在晋国的帮助下，周敬王成功击退了王子朝。

周敬王在位期间，还发生了一件重要的事情，那就是楚复郢（yǐng）之战。吴楚争霸，吴军大举出兵攻楚，楚昭王出逃并向秦国求援。秦哀公派兵相助，与吴军大战。最终，吴军败退，与楚国和好，楚、秦联军收复郢都。这场大战对整个春秋战国时期的历史产生了深远的影响。

周元王 姬仁

jī rén

周元王姬仁（？—前 469 年），东周第十五位君主（前 476 年—前 468 年在位）。

前 476 年被认为是春秋、战国的分界线。周元王即位时，中国历史上的一个重要时期——战国时期开始了。虽然有些学者认为战国时期的开始标志应该是三家分晋，但现在还是普遍将前 476 年作为春秋与战国的分界。

周元王在位期间，东南的越国逐渐强大起来。越王勾践在成功击败并灭掉吴国后，率领大军北渡淮河，进入了中原地区。他在徐地召集了齐、晋、鲁、宋等国会盟，展示了越国的实力和影响力。

会盟结束后，越王勾践向周元王送去了贡品，表示对周朝的尊重。周元王很高兴地接受了这些贡品，并以祭祖用的肉回赠勾践。同时，他还册命勾践为伯，承认了他在诸侯中的领袖地位。这使得勾践成为一时的霸主，威震四方。

知识拓展

越国：春秋末期最后一个霸主。《史记》记载越国的始祖为夏朝君主少康的苗裔，为姒姓。进入战国时期后，越国的势力渐弱。前 333 年，越王无彊北上伐齐，被齐国说客所误，率领大军调头攻楚，不料中埋伏，兵败身亡。由于无彊没有指定继承人，越国因此而分崩离析，各宗族子弟们竞争王位和权位，各自称王称君。

周贞定王 姬(jī)介(jiè)

周贞定王姬介（？—前 441 年），东周第十六位国君（前 468—前 441 年在位）。

周贞定王在位期间，晋国的三家大夫赵襄子、韩康子、魏桓子逐渐吞并了其他贵族，最终共同攻灭了最后一家贵族智伯，晋国公室名存实亡，三家分晋的形势逐步确立。

周哀王 姬(jī)去(qù)疾(jí)

周哀王姬去疾（？—前 441 年），东周第十七位国君（前 441 年在位）。

周哀王在前 441 年周贞定王死后即位，即位后三个月为弟弟姬叔袭杀，葬处不明，谥号为“哀王”。

周思王 姬(jī)叔(shū)

周思王姬叔（？—前 441 年），东周第十八位国君（前 441 年在位）。

前 441 年，姬叔袭杀周哀王后即位，即周思王。姬叔在位仅几个月，就被他的弟弟姬嵬（wéi）杀死。

周考王 姬（jī）嵬（wéi）

周考王姬嵬（？—前 426 年），东周第十九位君主（前 440 年—前 426 年在位）。

姬嵬杀害其兄周思王后自立，在位十几年后，于前 426 年去世，谥号“考王”。周考王上位后深感不安，担心自己的统治也会像他的哥哥们那样充满争斗和杀戮。于是，他决定采取一种独特的方法来稳定他的统治。他将王畿（jī）河南之地的一部分封给了他的弟弟姬揭，建立了西周国，疆域大致在瀍（chán）水以西、洛河以南。这样，周王直接控制的地盘越来越小。

周威烈王 姬（jī）午（wǔ）

周威烈王姬午（？—前 402 年），东周第二十位君主（前 425 年—前 402 年在位）。

前 403 年，周威烈王正式封晋国大夫韩虔、赵籍、魏斯为韩景侯（韩虔）、赵烈侯（赵籍）、魏文侯（魏斯），此即“三家分晋”。这被一些史学家认为是春秋和战国的分界线。

知识拓展

三家分晋：指春秋末年，晋国被韩、赵、魏三家列卿瓜分的事件。一些史学家将“三家分晋”视为春秋之终、战国之始。司马光将其列为《资治通鉴》的开篇之作。

赵国：开国君主为赵烈侯，建都晋阳，后迁都邯郸。赵国是“战国七雄”之一，是战国后期东方六国中最强大的国家，与秦国展开了数十年的争霸。长平之战失败后，赵国国势衰落。前 228 年，赵国都城邯郸被秦军攻破。赵国大夫们北逃到代，共同拥立代王嘉继续抵抗秦军。前 222 年，秦军攻灭代王嘉，赵国灭亡。

魏国：“战国七雄”之一，开国君主为魏文侯，建都安邑。魏惠王时迁都大梁（今河南省开封市），因此魏也称“梁”。前 334 年，魏惠王和齐威王在徐州会盟，互相承认对方为王，史称“徐州相王”。后魏国“东败于齐，西丧秦地七百余里，南辱于楚”。前 225 年，魏国为秦国所灭。

周安王 姬骄（jī jiāo）

周安王（？—前 376 年），东周第二十一位君主（前 401 年—前 376 年在位）。

姬骄，是周威烈王之子。他于公元前 401 年即位，在位期间，承认齐国大夫田和为齐侯，这一事件被称为“田氏代齐”。此外，周安王还封韩、赵、魏三家大夫为诸侯，进一步瓦解了晋国的旧贵族势力，加速了战国时期诸侯割据局面的形成。

周烈王 姬喜（jī xǐ）

周烈王（？—前 369 年），东周第二十二位君主（前 375 年—前 369 年在位）。

姬喜，是周安王之子。他在位期间，周王室继续衰微，诸侯国大多不再朝拜周王。秦献公在此时进行了一系列改革，整顿内政，加强王权，清理户籍，整顿军队，发展经济，为秦国的强盛奠定了基础。

周显王姬扁（？—前 321 年），东周第二十三位君主（前 368—前 321 年在位）。

周显王在位期间，秦国进行了一次重要的改革，那就是商鞅（yāng）变法。这次变法让秦国的国力大增，逐渐成为“战国七雄”中的强国。此外，还发生了两场著名的战役，分别是桂陵之战和马陵之战。这两场战役都是在齐国和魏国之间进行的。周显王作为东周的君主，见证了这个时代的动荡与变革。

知识拓展

商鞅变法：指卫国人商鞅在秦国实行的变法运动。商鞅入秦后，提出了废井田、重农桑、奖军功、实行统一度量衡制和建立县制等一整套变法求新的发展策略，深得秦孝公的信任。秦孝公任商鞅为左庶长，在前 356 年和前 350 年，先后两次实行变法，奠定了秦国富强的基础。

周慎靓（jìng）王 姬（jī）定（dìng）

周慎靓王姬定（？—前 315 年），东周第二十四位君主（前 320 年—前 315 年在位）。

周慎靓王在位时期，是战国时期非常关键的一段历史。

当时的各个诸侯国为了争夺地盘，进行了无数次的大规模争战。虽然周慎靓王作为周朝的君主的权力和影响力大大减弱，但他仍然尽力维护周朝的稳定。当时列国间开展合纵连横的外交策略。有些弱小的国家会联合起来对抗一个强国，这被称为“合纵”，苏秦是著名的合纵家；有些国家会跟从秦国进攻其他国家，这被称为“连横”，张仪是连横家的代表。

前 316 年，发生了一件重要的事情。那一年，秦军攻灭了巴、蜀两个小国，并大量移民到那里。这一举动使得秦国获得了对抗在长江流域有很大势力范围的楚国的战略优势，为日后秦国统一六国打下了基础。

知识拓展

巴国：周朝时期位处今长江上游地区的一个周王族诸侯国，姬姓，子爵。巴国形成于前 11 世纪，灭亡于前 316 年，约有 800 年历史。

蜀国：在今四川中部偏西。古蜀文明自岷江上游兴起，从原始氏族部落开始，经过长期的发展及融合后进入封建制时期。为了区分后世以“蜀”为国号的政权，一般称先秦时期的蜀国为“古蜀国”。古蜀国灭亡于前 316 年。

周赧王 姬延

周赧王姬延（前 336 年—前 256 年），东周第二十五位君主（前 314 年—前 256 年在位）。

周赧王接手的是一个已经十分衰弱的周王室，当时周已分为东周、西周两国，他寄居西周。他所统治的地盘及人口极少。

在周赧王在位的时期，“战国七雄”之间的争斗愈发激烈。楚国为了抑制秦国势力的扩展，曾派使者前来请求周赧王以天子的名义号令各国协力攻秦。周赧王虽然很高兴能够有这样的机会，但由于周王室实力衰弱，他并没有足够的军队和粮饷来支持这场战争。于是，他向境内的富户筹借军资，并答应在战争胜利后用战利品来偿还。

前 256 年，周赧王任命西周公为大将，率领五千军队伐秦，并约六国诸侯到伊阙汇合。然而，除了楚、燕两国派了些兵马来以外，其他四国的兵马都失约不来。在秦军的强大攻势下，周军很快就被击败，西周公只好带着自己的人马无功而回。

周军兵败后，周赧王面临着富户们的催债。传说由于无法偿还债务，他只好躲到宫内的一个高台上。这个高台便被称为“逃债台”，而“债台高筑”这个成语也由此而来。

前 256 年，秦昭襄王派军进攻西周国，周赧王在西周公的劝说下率领臣下和宗室降秦。至此，东周宣告灭亡，周赧王也在同年驾崩。

知识拓展

西周国：周考王分封给他弟弟姬揭从而建立的诸侯国，在战国时期是一小国。同时期还有一个东周国，是西周国的兄弟国。西周国周威公死后，其子兄弟不和。他的小儿子根在赵、韩二国的唆使下从西周国分裂出来组建东周国。

燕国：周朝时分封的诸侯国之一，开国君主为召公奭。“战国七雄”之一，前 222 年被秦所灭。

秦朝（前 221 年—前 206 年）

秦朝是中国历史上第一个统一的封建王朝。

秦人的祖先大费是黄帝之孙颛顼的后裔，舜赐其嬴姓。

前 361 年，秦孝公即位，重用商鞅，通过两次变法，使秦国的经济得到发展，军队战斗力不断加强，成为战国后期最富强的诸侯国。秦王嬴政先后灭韩、赵、魏、楚、燕、齐，完成统一大业。

前 221 年，嬴政称帝，史称“秦始皇”。秦朝结束了自春秋战国以来诸侯分裂割据的局面，成为中国历史上第一个中央集权的封建国家，对中国历史产生了深远影响。

秦昭襄王 嬴（yíng）稷（jì）

秦昭襄王嬴稷（前 324 年—前 251 年），战国时期秦国国君（前 306 年—前 251 年在位）。

他是中国历史上在位时间较长的国君之一。在他在位的五十六年间，发生了著名的伊阙之战、五国伐齐、鄢郢（yān yǐng）之战、华阳之战和长平之战。他早年在燕国为质，即位后任用白起为将军，先后战胜三晋、齐国、楚国，攻取魏国的河东郡和南阳郡、楚国的黔中郡和巫郡；发动长平之战，大胜赵军；攻陷东周王都洛邑，俘虏周赧王；迁九鼎于咸阳，结束周朝八百年统治。

秦孝文王 嬴（yíng）柱（zhù）

秦孝文王（前302年—前250年），战国时期秦国国君（前250年在位）。

他是秦昭襄王之子，初封安国君。昭襄王四十二年（前265年），被立为太子，前250年即位。在位时，善待先王的有功之臣，大赦罪人。然而，他仅在位三天就去世了。

秦庄襄王 嬴（yíng）异（yì）人（rén）

秦庄襄王（前.280年—前247年），秦国国君（前249年—前247年在位）。

嬴姓，秦氏或赵氏，本名“异人”，后改名“楚”，又作“子楚”。早年入赵国邯郸为质，迎娶赵姬，生下嬴政。在吕不韦的帮助下成为秦国的国君，即位后攻取三晋之地，铲除了周王室的残余力量。

前247年，秦庄襄王病逝。

秦始皇 嬴（yíng）政（zhèng）

秦始皇嬴政（前 259 年—前 210 年），秦王朝的建立者（前 247 年—前 210 年在位）。

嬴姓，赵氏，名政。中国历史上第一个中央集权封建国家——秦朝的建立者。中国第一位称皇帝的君主。

前 238 年，镇压长信侯嫪毐（lào ǎi）叛乱，次年铲除权臣吕不韦，开始亲政，起用李斯等客卿。自前 230 年起，先后灭韩、赵、魏、楚、燕、齐，完成了统一大业。

前 221 年，嬴政自诩“德兼三皇，功过五帝”，采用“三皇”之“皇”、“五帝”之“帝”构成“皇帝”称号，称“始皇帝”。

政治上，嬴政在中央设置三公九卿；在地方上废除分封制，代以郡县制。经济上，统一货币和度量衡。社会文化上，实施书同文、车同轨的政策；确立以法为教，以吏为师的制度。军事上，北击匈奴，收取河南地，修筑万里长城；南征百越，修筑灵渠，沟通长江和珠江水系。

前 210 年，嬴政驾崩于沙丘宫，葬于骊山皇陵。

秦二世 胡（hú）亥（hài）

胡亥（前 230 年—前 207 年），秦朝第二位皇帝（前 210 年—前 207 年在位）。

嬴姓，赵氏，名胡亥，秦始皇第十八子，公子扶苏之弟，秦朝第二位皇帝。

秦始皇三十七年（前 210 年），秦始皇在沙丘宫逝世。李斯和赵高为了稳定局势，秘不发丧，并伪造遗诏，立胡亥为太子。

在赵高和李斯的帮助下，胡亥杀死了兄弟姐妹二十余人，并逼死了原本被立为继承人的公子扶苏，最终登上了皇位。

胡亥在位期间，实行残暴的统治，百姓因此生活困苦，怨声载道。他听从赵高的建议，实行严酷的刑罚，使得群臣人人自危。由于胡亥的残暴统治，前 209 年，陈胜、吴广等人发动农民起义，反抗秦朝的暴政。这次起义虽然最终被镇压，但对秦朝的统治给予了巨大的打击。

胡亥在位期间，赵高逐渐掌握了实权。赵高诬陷李斯谋反，将其处以极刑。同时，他还通过各种手段削弱胡亥的权力，为自己的野心铺路。前 207 年，赵高指使阎乐逼迫胡亥于望夷宫自杀。胡亥死时年仅 24 岁。

知识拓展

子婴（？—前 206 年），秦始皇之孙，秦二世兄长之子。秦二世三年（前 207 年），赵高逼迫秦二世自杀，立子婴为秦王。子婴设计杀死赵高，并灭其三族。后子婴降于刘邦，旋为项羽所杀。

汉朝（前202年—220年）

汉朝是继秦朝之后的大一统王朝，分为西汉、东汉两个时期。

汉朝极盛时疆域东、南至海，东北至朝鲜，西到葱岭，北达大漠。自汉朝以后，华夏族逐渐被称为汉族。汉朝在思想、史学、文学、艺术、科技等方面卓有建树，其时儒学独尊、佛道并立，汉赋、乐府诗兴盛，《史记》开创纪传体史书先例，造纸术的发明与改进更推动人类文明的发展。

西汉（前202年—8年）

西汉是中国历史上继秦朝之后的王朝，由汉高祖刘邦所建，传十五帝（含孺子婴），史称为“前汉”。

西汉都长安，东汉都洛阳，相对地理方位一西一东，故称长安为“西京”，称洛阳为“东京”。两都城分别是西汉和东汉的政治中心，故又将西汉引申为“西京”，将东汉引申为“东京”。

汉高祖 刘（liú）邦（bāng）

刘邦（前256年或前247年—前195年），西汉的开国皇帝（前202年—前195年在位）。

刘邦出身农家，为人豁达大度，不喜欢从事农业生产劳动。秦末时，刘邦出任沛县泗水亭长，负责地方治安事务。

在押送刑徒前往骊山服役的过程中，刑徒逃走不少，刘邦索性释放了他们，并在芒砀山中藏匿。

陈胜、吴广起义爆发，刘邦在沛县聚集了三千子弟起兵响应起义，自称“沛公”。

前207年，刘邦率先进入关中，攻占咸阳，废除了秦朝苛刻的法律，与关中百姓约法三章，赢得了民心。

鸿门宴上，刘邦险遭刺杀，逃脱后，被项羽封为汉王，统治巴蜀及汉中一带。

楚汉战争期间，刘邦凭借其知人善任、善于谋略和整合各方力量的能力，在初期形势不利的情况下逐渐扭转战局。

前 202 年，刘邦在垓下之战中击败了西楚霸王项羽，即皇帝位，建立汉朝，定都长安。

刘邦在位期间，实行休养生息政策，恢复社会经济，为汉朝的繁荣奠定了基础。

前 195 年，刘邦在讨伐英布叛乱的过程中受伤，后病逝。

汉惠帝 刘(liú)盈(yíng)

汉惠帝刘盈（前 210 年—前 188 年），西汉第二位皇帝（前 194 年—前 188 年在位）。

刘盈的童年并不平静。楚汉战争期间，他与母亲吕雉曾被俘虏至项羽的军营。

刘盈在六岁时被立为太子。汉高祖刘邦去世后，刘盈即位，成为汉惠帝。

刘盈性格宽仁，即位后继续推行与民休息政策，以萧何、曹参为相，尊崇黄老之学，废除“挟书律”，使思想文化的发展摆脱限制，各种学说思想逐渐活跃。

刘盈在位期间，修筑了城池，建设了长安城，使得社会安定，文化繁荣，人口增长，国内经济继续发展。

刘盈的统治并不长久，前 188 年，年轻的刘盈在未央宫去世，谥号孝惠皇帝，葬于安陵。他的早逝可能与吕后的强势有关，吕后在其执政期间逐渐掌握了朝廷大权，而刘盈对吕后的统治感到不满，最终忧郁而死。

知识拓展

挟书律：秦始皇采纳李斯的建议实行的一项律令——“敢有挟书者族”，即对收藏当时所谓违禁书籍如《诗经》《尚书》的人处以灭族的酷刑。

汉前少帝

汉前少帝（？—前 184 年），西汉第三位皇帝（前 188—前 184 在位）。

姓刘，名不详，西汉第三位皇帝，汉惠帝七年（前 188 年）至汉高后四年（前 184 年）在位。

汉惠帝朝，皇太后吕雉教汉惠帝皇后张嫣假装有身孕，取惠帝与后宫美人之子，谎称是张嫣所生，并鸩（zhèn）杀其生母，而后立其为太子。

汉惠帝七年，汉惠帝驾崩。吕后立太子为皇帝，因为皇帝年幼，由吕后临朝称制。

汉高后四年，前少帝知自己并非张嫣的亲生儿子且自己生母已被害，于是口出怨言。吕后将他幽禁起来，下令任何人不得与之相见。不久，前少帝被吕后废黜并暗中杀害。

知识拓展

鸩杀：用鸩酒毒杀。鸩是传说中的一种毒鸟，据说把它的羽毛放在酒里可以使酒有毒。

汉后少帝 刘（liú）弘（hóng）

汉后少帝刘弘（?—前 180 年），西汉第四位皇帝（前 184 年—前 180 年在位）。

刘弘，原名刘山，曾用名刘义，西汉第四位皇帝。

汉高后四年，西汉前少帝死。同年，刘弘即帝位，娶吕禄之女为皇后。

汉高后八年（前 180 年），吕太皇太后逝世。经过周勃、陈平等人的努力，吕氏家族势力被铲除。朝臣议论少帝刘弘并非汉惠帝亲生子，所以迎立代王刘恒为新皇帝（即汉文帝）。后来，刘恒下令杀了刘弘及其四个兄弟。

汉高后 吕雉（lǚ zhì）

吕雉（前 241 年—前 180 年），虽然未正式称帝，但实际上掌握了汉朝的政权。

吕雉，字娥姁（xū），砀郡单父人，汉高祖刘邦之妻，通称“吕后”“汉高后”等，与唐朝的武则天并称“吕武”。

她通过巩固统治、削弱诸侯王势力、推行无为而治等措施，为汉朝的稳定和发展做出了重要贡献。然而，她连立幼帝，纵容吕氏外戚专权，对汉朝的政治生态造成了不良影响。

吕雉的统治，为后来的文景之治和汉武帝时期的强盛奠定了基础。

知识拓展

为什么在有的历代纪元表上会有“高后（8 年）”？

吕雉曾立过两个少帝，但实际上是她在行使皇帝的职权，并对汉朝的政治、经济等方面产生了深远的影响。因此后世在编写历史、制作纪元表时，通常将她这段时间的统治纳入其中。为了与正式的皇帝年号相区别，通常会在她的名字旁加上“高后”二字，表示她的太后身份，同时注明这段时间的长度。

汉文帝 刘恒（liú héng）

刘恒（前 202 年—前 157 年），西汉第五位皇帝（前 180 年—前 157 年在位）。

刘恒是西汉开国皇帝刘邦的第四子，母亲为薄姬。

刘恒在高祖十一年（前 196 年）被封为代王，都于晋阳。在就藩的十几年间，他实行与民休息的政策，发展生产，使代地得以安定。

吕后去世后，元老勋臣们平定诸吕之乱，将刘恒拥上皇位。

刘恒在位期间，执行与民休息的政策，重视农业，减轻田租、赋役，并取消过关用传（符证）制度，方便行旅往来和商品流通，注意削弱诸侯王势力，以巩固中央集权。他统治时期与汉景帝统治时期合称“文景之治”。

汉景帝 刘启

liú qǐ

刘启（前 188 年—前 141 年），西汉第六位皇帝（前 157 年—前 141 年在位）。

刘启的父亲为汉文帝刘恒，其母为孝文窦（dòu）皇后（即窦太后）。

他即位后，继续推行汉文帝的政策，减省赋税，与民休息，使社会经济得到进一步恢复和发展。在政治上，刘启继续加强中央集权，削弱诸侯王的势力。他采纳了晁（cháo）错的建议，实行“削藩”政策。由于他推行“削藩”政策，引起了诸侯王的不满和反抗，以吴王刘濞为首的七个诸侯国联合起来反叛朝廷，史称“七国之乱”。刘启迅速调集军队进行镇压，最终成功平定了叛乱。

刘启厉行节俭，采取与匈奴和亲的政策，并和匈奴进行贸易。他还注重法治建设，任用贤能之士，为国家的发展贡献了力量。后世将汉景帝统治时期和汉文帝统治时期合称“文景之治”。刘启的统治为刘彻的“汉武盛世”奠定了基础。

汉武帝 刘(liú)彻(chè)

刘彻(前156年—前87年),西汉第七位皇帝(前141年—前87年在位)。

刘彻在位期间颁布“推恩令”，制订左官律和附益法，严禁诸侯王参政，并设十三刺史部加强对地方的控制；多次出击匈奴，迫其远徙漠北；征服闽越、东瓯、南越等地；禁止郡国铸钱，推行盐铁官营、均输平准，颁布算缗（mín）、告缗令，向商人征收重税。

他接受董仲舒的建议，把儒家学说立为正统思想；设五经博士，在京师长安兴建太学，并令郡国皆立学官；确立察举制，选拔了一批优秀的人才。他派张骞出使西域，并开辟了连接亚欧大陆的丝绸之路（丝绸之路是1887年德国地理学家李希霍芬提出），促进了中外经济文化的交流。

在统治前期，刘彻通过一系列政治、经济和军事措施，实现了国家的繁荣与强大。然而，在统治后期，他迷信神仙，热衷封禅和郊祀，巡游各地，挥霍无度，多次卖官鬻（yù）爵，又重用宦官，导致社会矛盾日益尖锐，农民起义频繁；同时统治集团内部矛盾愈发激化，酿成“巫蛊之祸”。

知识拓展

缗：古代穿铜钱用的绳子，也是古代钱的计量单位，一缗为一串铜钱，即一千文。

卖官鬻爵：旧时指当权者出卖官职、爵位以聚敛财富，形容政治腐败。

汉昭帝 刘（liú）弗（fú）陵（líng）

刘弗陵（前 94 年—前 74 年），西汉第八位皇帝（前 87 年—前 74 年在位）。

刘弗陵是汉武帝刘彻的幼子，母亲为钩弋夫人赵氏。

汉武帝晚年因刘弗陵体格健壮、聪明伶俐，特别宠爱他，并有意传位于他。

后元二年（前 87 年）二月，汉武帝病重，为了防止自己死后出现主少母壮、吕后之事重演的局面，他将刘弗陵的生母赐死，并立年纪尚小的刘弗陵为皇太子。后汉武帝驾崩，刘弗陵登基为帝，是为汉昭帝，由霍光等几位大臣共同辅政。

刘弗陵在位期间，采取轻徭薄赋、与民休息的政策，屡次减免租赋，招抚流民，使社会经济有所恢复。他还召集郡国贤良之士开盐铁会议，并废除了酒类专卖制度。他在位期间平息了匈奴、西南夷、乌桓的扰乱，并成功斩杀了叛汉的楼兰王安归，遏制了匈奴势力的扩张，巩固了国家的统一。

元平元年（前 74 年），刘弗陵驾崩，年仅二十一岁。

汉昌邑王 刘贺
liú hè

刘贺（前 92 年—前 59 年），西汉第九位皇帝（前 74 年在位）。

前 74 年，汉昭帝去世，无嗣，刘贺被大将军霍光迎立为帝，但在位仅二十多天就因行为放纵、不守礼法而被废，史称“汉废帝”。刘贺被废后重新回到昌邑封地，随后又被贬为海昏侯。

汉宣帝 刘询
liú xún

刘询（前 92 年—前 49 年），西汉第十位皇帝（前 74 年—前 49 年在位）。

刘询原名刘病已，字次卿。他幼年时遭遇巫蛊之祸，幸免于难，在民间生活。

元平元年（前 74 年），昌邑王刘贺被废，大将军霍光拥立刘病已为帝。刘病已改名刘询，时年十七岁，即位后，委政于霍光。

地节二年（前 68 年），霍光去世，刘询开始亲政，提拔亲信势力，于前 66 年诛杀谋反的大司马霍禹，废除霍皇后，彻底清除了霍氏势力。

刘询在位期间，整顿吏治，强化皇权，任用熟悉法令的文法吏，以刑名考核臣下。他废除苛法，招抚流亡，设置常平仓，减免租赋，安定民生，恢复生产。

在对外关系上，他允许呼韩邪单于归顺汉朝，乌孙及西亚安息诸国也转而尊汉；设置西域都护，推动了中原与西域之间的交流。

刘询还注重文化建设，召开石渠阁会议，亲自裁决经义异同，强化了儒学的地位。他还为司马迁的《史记》的刊行创造了条件，推动了文化的发展。

刘询在位时期，政治清明，社会和谐，经济繁荣，综合国力达到极盛，史称“孝宣之治”或“孝宣中兴”。

汉元帝 刘奭（liú shì）

刘奭（前 74 年—前 33 年），西汉第十一位皇帝（前 49 年—前 33 年在位）。

刘奭是汉宣帝刘询与妻许平君所生之子，生于民间。

在汉宣帝为平民时，刘奭已出生。他即位后宠信宦官，导致朝政混乱，社会矛盾激化，使西汉开始由盛转衰。

竟宁元年（前 33 年）正月，匈奴呼韩邪单于来朝请求和亲，汉元帝赐待诏掖庭王昭君，出塞和亲，汉匈关系进入新阶段。这就是历史上有名的“昭君出塞”。

刘奭本人是个多才艺、善史书、通音律的人。他在位期间，大量启用儒生参政治国，使汉朝走上了真正独尊儒术的道路。

知识拓展

单于：匈奴人对他们最高首领的称号，意为广大之貌。此称号始创于匈奴著名的冒顿单于之父头曼单于，之后该称号一直沿袭至匈奴灭亡。而东汉三国之际，有乌丸、鲜卑的部落使用“单于”这个称号。

汉成帝 刘(liú)骜(ào)

刘骜（前 51 年—前 7 年），西汉第十二位皇帝（前 33 年—前 7 年在位）。

刘骜是汉元帝刘奭与王莽姑母王政君之子。

刘骜自幼深得祖父汉宣帝的喜爱，被称为“太孙”，常侍左右。

汉元帝即位后，刘骜被册立为太子。

青年时期，刘骜喜好经书，博学谨慎但沉迷酒色。汉元帝曾想改立太子，后来作罢。

竟宁元年（前 33 年），刘骜即位，成为西汉的皇帝。

刘骜在位期间的图书征集和编校文献活动对后世影响深远。中国重要目录学著作《七略》在此期间问世。

他在位期间，怠忽朝政，治国无能，外戚王氏的势力急剧膨胀，为后来的王莽篡汉埋下了伏笔。

在他统治时期，土地兼并严重，社会矛盾日益尖锐。他晚年沉迷酒色、荒淫无度，于前 7 年暴毙于未央宫。

知识拓展

《七略》：西汉刘歆编撰的中国第一部官修图书分类目录，对目录学影响深远，有辑略、六艺略、诸子略、诗赋略、兵书略、数术略、方技略七部。

汉哀帝 刘(liú)欣(xīn)

刘欣（前 25 年—前 1 年），西汉第十三位皇帝（前 7 年—前 1 年在位）。

刘欣为汉元帝庶孙。

他即位后，尊皇太后王政君为太皇太后、皇后赵飞燕为皇太后，并进行了一系列改革。

当时西汉已日渐衰败，建平二年（前5年），刘欣改元太初元将，恢复丞相、御史大夫的二府体制，取消州牧制，恢复刺史制，强化中央集权。针对土地兼并问题，他下诏限田，试图限制豪强大地主的土地兼并，但因权贵的反对而未能完全施行。

他在位期间，西汉社会危机严重，灾难频发，农民起义不断，社会矛盾尖锐。

汉平帝 刘衎（liú kàn）

刘衎（前9年—6年），西汉第十四位皇帝（前1年—6年在位）。

刘衎原名刘箕子，是中山孝王刘兴的独子。

他的早年生活并不平静，因为在他不到一岁时，他的父亲刘兴就因病去世，他因此继承了中山王的王位。

公元前1年，汉哀帝刘欣去世。刘欣没有子嗣，王莽为了掌握大权，不肯立年岁较长的君主，于是迎立刘衎入宫。同年10月，刘衎正式即位为帝，改年号为“元始”。

刘衎即位时，由于年幼，朝政实际由太皇太后王政君和大司马王莽掌控。王莽利用手中的权力，逐步削弱皇权，加强自己的势力。

6年，刘衎去世。关于他的死因，有一种说法是被王莽毒杀。

刘婴（5年—25年），6年—9年居皇太子位。他并没有当上皇帝，王莽呼之为“孺子”，世称“孺子婴”。

孺(rú)子(zǐ)婴(yīng)

6年，汉平帝刘衎驾崩。由于刘衎没有子嗣，外戚权臣王莽决定再立一个傀儡皇帝。最终，王莽从汉宣帝玄孙中选择了年仅两岁的刘婴为继承人，并立其为皇太子。

刘婴居西汉皇太子位，没有真正登基为帝。他只做了三年皇太子，便在四岁时被囚禁，并且没有任何人与他讲话。这种长期的与世隔绝，导致他长大后六畜不识，连话都说不清楚，成了一个傻子。

王莽在迎立刘婴的同时，也为自己篡位做着准备。他通过种种手段，如“白石符命”等，为自己称帝制造舆论。

9年，王莽终于篡位成功，改国号为“新”，西汉就此灭亡。

更始三年（25年），孺子婴在临泾被杀死，结束了悲惨的一生。

新 王(wáng)莽(mǎng)

王莽（前45年—23年），新朝皇帝（9年—23年在位）。

王莽是汉元帝皇后王政君之侄。汉成帝阳朔年间，王莽进入中枢开始做官，历任黄门郎、射声校尉、骑都尉、光禄大夫、侍中等职位。

孺子婴在位时，王莽以摄政名义据天子之位，并于9年废孺子婴，篡位称帝，改国号为“新”，建年号为“始

建国”。

王莽在位期间，进行了多项改革尝试缓和社会危机：多次改变币制；经常改变官制；法令严苛，徭役繁重。这些措施导致社会矛盾进一步激化。

23 年，绿林军攻入长安，王莽被杀，新朝灭亡。

更始帝 刘(liú)玄(xuán)

刘玄（？—25 年），更始帝（23 年—25 年在位）。

刘玄，字圣公，南阳蔡阳人。

他早年因家族败落而流浪江湖，后因生计问题加入绿林军。在军中，他凭借刘氏宗族的身份和读书识字的能力，担任了供应粮草、征集新兵等后勤服务的职务，并因能力出众得到了众人的认可。

23 年，刘玄在绿林军的拥戴下，在淯水边设坛，举行登基大典，成为皇帝，年号“更始”。

刘玄即位后，纵情声色，拒纳忠谏，听任诸将为所欲为，放纵贵戚在京师横行霸道，这些行为导致了其政权的迅速衰败。

更始三年（25 年），在赤眉军和刘秀大军的两路夹击之下，更始政权土崩瓦解。刘玄被迫向赤眉军投降，最终被赤眉军所杀。

东汉（25 年—220 年）

中国历史上继西汉之后的大一统王朝，共历十四帝，与西汉合称“两汉”。

汉光武帝 刘秀（liú xiù）

刘秀（前 5 年—57 年），东汉开国皇帝（25 年—57 年在位）。

刘秀是南阳蔡阳人，汉高祖刘邦九世孙，东汉王朝开国皇帝。

由于新莽政权的暴政和天灾，社会动荡不安，刘秀在家乡起兵，开始了他的军事生涯。由于战功赫赫，他被更始帝封为萧王，然后被派往河北地区，成功镇压并收编了铜马等地的起义军，因此势力大增，甚至获得了“铜马帝”的称号。

25 年，刘秀与更始政权公开决裂，在河北鄗（hào）城称帝，建立了东汉政权，定都洛阳。他通过一系列的军事行动，先后削平了各地的割据武装，完成统一事业。

刘秀在位期间，致力于整顿吏治，推行度田令，检查耕田与户口实数，以打击地方豪强，缓解土地兼并现象。

在政治方面，他设立了台阁制来强化皇权，并改革了监察制度，通过罢州牧、置刺史等措施来强化中央集权。在经济方面，他实施了一系列政策来安定民生、复苏经济，如轻徭薄赋、兴修水利、倡行节俭等。这些措施共同促成了“光武中兴”的治世局面。

汉明帝 刘（liú）庄（zhuāng）

刘庄（28 年—75 年），东汉第二位皇帝（57 年—75 年在位）。

刘庄是汉光武帝刘秀第四子，母为光烈皇后阴丽华。

刘庄即位后恢复了被秦朝废除的冕服制度，成为中国历史上“初服旒冕”的皇帝，这一举措具有重要的礼仪和文化意义。

刘庄强调法律和名目，实行严厉的政策，充分掌握权力。同时，他严禁后妃家族干预政务，以防止外戚和功臣势力扩大影响。这些措施有助于维护皇权的稳定和政治的清明。

刘庄曾梦见金人，有臣子说西方的佛正是如此。他便派出使者历经千山万水将佛教、佛经引入汉室，并专门修建了寺庙白马寺。经常有僧人在白马寺讲学，佛教由此在中国传播开来。

刘庄任用王景治理黄河，成功解决了黄河水患。这一举措维持了黄河近千年的稳定，对后世的农业生产和社会稳定产生了深远影响。

刘庄非常重视教育，他在位期间接收了史上第一批外国留学生。这一创举促进了东西方文化的交流与融合。

刘庄还要求各地的官吏帮助农民发展农耕、治理虫害，并减轻税负。这些政策有助于改善农民的生活条件，促进社会的稳定和发展。

汉章帝 刘炟

liú dá

刘炟（56 年—88 年），东汉第三位皇帝（75 年—88 年在位）。

永平三年（60 年），刘炟被立为皇太子。

永平十八年（75 年），汉明帝去世，刘炟即位。即位后，刘炟继续推行汉光武帝和汉明帝的治国策略，致力于稳定政局和促进农业发展。他减轻了百姓的负担，大力推广先进的农业技术，提高农业生产效率，使得东汉的农业经济得到了发展。

针对官场腐败和地方割据的问题，刘炟大力整顿吏治，加强中央集权。他严厉惩处贪官污吏，推行官员考核制度，加强地方行政管理的规范化，为国家的稳定和发展提供了有力的保障。

刘炟十分推崇儒学，大力支持经学的研究和传承，倡导尊师重教；令诸儒于白虎观论五经异同，并令班固等人据此写作《白虎通》。

他统治时期，是东汉王朝最为强盛的时期之一。在此期间，东汉社会经济得以恢复和发展，政治清明，国力强盛，外戚、宦官势力尚未危害朝政，外患得以平定，文化、科技等方面也有显著发展。他与汉明帝统治时期并称为“明章之治”。

汉和帝 刘肇

liú zhào

刘肇（79 年—106 年），东汉第四位皇帝（88 年—106 年在位）。

刘肇是汉章帝刘炟第四子，养母为窦皇后。

建初七年（82 年），刘肇被立为皇太子。

章和二年（88 年），汉章帝逝世，刘肇即位，窦太后临朝执政，开始改变东汉外戚不干政的传统。

永元四年（92 年），刘肇联合清河王刘庆与大臣丁鸿等人将窦氏外戚势力一网打尽，开始亲政。

在内政方面，刘肇致力于解决灾民问题，减轻赋税负担，翻冤案，发展商业，使百姓逐渐恢复正常生活。

在外交上，他坚决果断地击退了北匈奴的攻击，北匈奴开始西迁，国家边境得以安宁。

刘肇任命班超为西域都护。班超击败贵霜，成功将西域 50 余个小国纳入统一管理之下，进一步扩大了汉朝的疆域。班超派遣甘英出使大秦（罗马帝国），到达西海（一说地中海，一说波斯湾）。

另外，他还曾令班昭续写《汉书》，令许慎编撰《说文解字》。

刘肇勤于政事，在位期间，国力强盛，百姓安定，被后世誉为“永元之隆”。

知识拓展

《汉书》：又称《前汉书》，是中国第一部纪传体断代史，与《史记》《东观汉记》并称“三史”，又与《史记》《后汉书》《三国志》并称“前四史”。《汉书》由东汉史学家班固所撰，汉章帝建初年间编成。

《说文解字》：原书作于汉和帝永元年间，成书于汉安帝建光元年（121 年），是由东汉经学家、文字学家许慎编著的文字学书，是中国乃至世界第一部字典、中国最早的系统分析汉字字形和考究字源的语文辞书。

汉殇帝 刘（liú）隆（lóng）

刘隆（105 年—106 年），东汉第五位皇帝（106 年在位）。

由于汉和帝在位时皇子大都夭折，他怀疑宦官、外戚在谋害其子，因此将刘隆留在民间抚养。

汉和帝长子刘胜自幼生有怪病，多年不愈。邓皇后只好立刘隆为皇太子，并收养他为自己的儿子。

元兴元年十二月二十二日（106 年 2 月 13 日），汉和帝在章德前殿去世，此时刘隆刚出生百余日便即位为帝，是为汉殇帝，改年号为“延平”。

刘隆即位后，因其年幼，朝政由外戚邓氏掌控，和熹（xī）太后邓绥以“女君”之名亲政，代行皇权。

延平元年（106 年），刘隆在做了不到八个月皇帝后就悄然离世。他因夭折而亡，故谥号为“殇”。

汉安帝 刘祜（liú hù）

刘祜（94 年—125 年），东汉第六位皇帝（106 年—125 年在位）。

刘祜为汉章帝刘炟之孙，清河王刘庆之子。刘祜十岁便精通史书典籍，汉和帝非常喜爱并器重他，常召其入宫，赏赐冠绝诸王子。

延平元年（106 年），汉殇帝不幸早夭。邓太后与其兄邓骘（zhì）决定迎立刘祜为帝。

刘祜即位后，遇到了空前的自然灾害，四夷趁机进攻，东汉岌岌可危。邓太后夙夜勤劳，躬行节俭，救灾安民，讨平四夷，最终平定天下。

121 年，邓太后过世，刘祜开始亲政。

他减轻农民的负担，取消不必要的税赋，兴修水利，发展农业生产；加强边防建设，积极抵御北方游牧民族的攻击；派遣大军平定了西域的叛乱，使丝绸之路重新畅通。

他推崇儒学，修建学堂和图书馆，推广文化教育。

与此同时，刘祜重用外戚，使阎显等人身居要职，与宦官共掌朝政。他还听信谗言，驱逐贤良的外戚邓氏，枉杀太尉杨震，废黜太子刘保，导致宦官当道，后宫混乱。

延光四年（125 年），刘祜南巡时突发疾病，三月，暴毙于返京途中。

北乡侯 刘懿（liú yì）

刘懿（？—125 年），东汉第七位皇帝（125 年在位）。

延光四年（125 年），汉安帝去世，阎太后为久专国政，迎立北乡侯刘懿为帝。刘懿在位期间，朝政由阎太后及其兄阎显掌控，阎氏家族诛杀汉安帝亲信宦官，独揽大权。

汉顺帝 刘保
liú bǎo

刘保（115 年—144 年），东汉第八位皇帝（125 年—144 年在位）。

刘保是汉安帝刘祜的长子。

他自幼简朴淳厚，厚道诚实。六岁时就可以吟诵《孝经》章句，深受邓太后喜爱。永宁元年（120 年），刘保被邓太后立为太子。

延光三年（124 年），他被汉安帝废为济阴王。

延光四年（125 年），汉安帝驾崩，阎太后等立北乡侯刘懿为帝，但刘懿旋即去世。此时，刘保的乳母宋娥联合宦官孙程等人发动“西钟政变”，诛杀阎太后手下的宦官群体，成功迎立刘保为帝。

刘保即位后，杀阎氏外戚，夺回天子玺绶，为邓氏家族与杨震平反昭雪，将孙程等十九个宦官封侯。

刘保在位期间，勤理国政，使天下获安。他收复西域，击败鲜卑，实现中国与南洋群岛的首次直接交往。科技上，他恢复了张衡太史令的官职，此后张衡制造出地动仪。官制上，刘保对察举制进行改革，推行阳嘉新制，建立考试制度，并派出“八使”整顿贪污腐败，澄清吏治。文化上，他扩建太学，广招学生，创下了两汉太学校舍面积的最高纪录。

知识拓展

地动仪：东汉科学家张衡创造的检测地震方位的仪器，是世界上第一架地震仪，通过观察仪器上龙嘴张开的方向、铜球掉落到哪个铜蛤蟆中来判断哪里发生地震，是有史以来人类第一次运用科学手段来测定地震方向。

汉冲帝 刘（liú）炳（bǐng）

刘炳（143 年—145 年），东汉第九位皇帝（144 年—145 年在位）。

建康元年（144 年）八月，汉顺帝驾崩，刘炳即位为帝。

由于刘炳年幼，皇太后梁妠临朝摄政，梁妠的哥哥大将军梁冀因此把持朝政。

梁冀为人骄横跋扈，不将皇帝放在眼里，极度奢侈，公然勒索他人。他大兴土木，霸占民田来建私人花园，生活奢华至极。他还擅杀忠良，任人唯亲，使得梁氏家族势力遍布朝廷。

永憙（xǐ）元年正月初六日（145 年 2 月 15 日），刘炳去世。

刘炳的死因一直是个谜，有传言说他因病去世，也有传言说他是被毒死。由于历史记载的不完整和证据的不足，这个谜团至今仍未解开。

汉质帝 刘缵（liú zuǎn）

刘缵（138 年—146 年），东汉第十位皇帝（145 年—146 年在位）。

永憙元年（145 年），年仅两岁的汉冲帝刘炳去世，大将军梁冀拥立年仅八岁的刘缵为帝，承嗣汉顺帝，年号“本初”。

刘缵在位期间，梁太后临朝，朝政实际上由梁冀把持。梁冀专横跋扈，引起朝臣的抵制。

刘缵虽年幼，但聪明早熟，对梁冀的所作所为表示不满。本初元年（146 年），刘缵在一次朝会上称梁冀为“跋扈将军”。这使梁冀深感不安，梁冀担心刘缵长大后难以控制，便决定除之。

不久之后，梁冀让亲信对刘缵下毒，刘缵中毒身亡，年仅九岁。

汉桓帝 刘志（liú zhì）

刘志（132 年—168 年），东汉第十一位皇帝（146 年—167 年在位）。

由于汉质帝刘缵被外戚梁冀毒杀且没有子嗣，梁冀等人在权衡利弊后，选中娶了梁太后妹妹梁女莹的刘志为新皇帝。

刘志即位初期，太后梁妠临朝摄政，大将军梁冀专权，皇后梁女莹专制后宫。

和平元年（150 年），梁太后病重离世。

延熹二年（159 年），刘志依靠宦官单超、具瑗等人成功诛灭大将军梁冀及其党羽，宣告了东汉王朝外戚专权时代的结束。刘志通过这场政变夺回了皇权。

刘志诛灭梁冀后，为加强皇权，封参与诛灭梁冀的宦官为列侯，这就是历史上著名的“五侯”。然而，随着五侯日渐骄横跋扈，刘志又将他们全部贬黜，从而独揽大权。

刘志任用“凉州三明”皇甫规、张奂、段颎（jiǒng）平定羌乱，讨伐鲜卑并将其赶至塞外，重新收服了西域的龟兹、乌孙等国，恢复了东汉与天竺和罗马帝国之间的外交往来。然而，刘志的三任皇后皆骄横霸道，戕害皇嗣，致使刘志绝后。此外，刘志还听信宦官党羽的谗言，兴起党锢之祸。

汉灵帝 刘宏

liú hóng

刘宏（157 年—189 年），东汉第十二位皇帝（167 年—189 年在位）。

汉桓帝刘志驾崩，窦太后临朝摄政，最终选择刘宏即位。

刘宏早期依赖窦太后及窦武处理朝政后来由于窦武谋杀宦官被诛，窦太后被迁，刘宏开始亲政。

亲政后，刘宏大力推动儒学发展，采纳蔡邕的建议刻印熹平石经，为儒经提供定型文本。他下令创办的鸿都门学被认为是世界第一所文艺专科学校；引进“胡床”（凳子），改变了汉人跪坐的习惯；任用毕岚发明引水装置渴乌，用来取水、运水。

然而，刘宏生活荒淫，聚敛无度，公开标价卖官，大修宫室，宠信宦官，使得朝廷腐败、社会动荡，激起黄巾起义。为了平乱，他废刺史，立州牧，导致各地割据军阀形成，加速了东汉的衰亡。

汉少帝 刘辩

liú biàn

刘辩（173 年—190 年），东汉第十三位皇帝（189 年—190 年在位）。

刘辩是汉灵帝之子，东汉第十三位皇帝。中平六年（189 年），汉灵帝去世，刘辩即位。其母何太后临朝，其舅大将军何进掌兵，欲诛杀宦官，事泄被杀。宦官张让、段珪等劫走刘辩。后董卓引兵入洛阳，刘辩被废为弘农王。初平元年（190 年），刘辩被董卓鸩死。

汉献帝 刘（liú）协（xié）

刘协（181 年—234 年），东汉最后一位皇帝（189 年—220 年在位）。

189 年，汉灵帝刘宏驾崩，刘宏嫡长子刘辩即位为少帝，嫡次子刘协被封为渤海王，后改封陈留王。同年九月，董卓入京，废黜少帝刘辩，立刘协为帝，即汉献帝。此时年仅九岁的刘协，便开始了他的傀儡皇帝生涯。

董卓掌控朝政后，残暴不仁，引起了天下人的愤慨。然而，年幼的刘协无力反抗，只能任由董卓摆布。在董卓的专权下，东汉王朝陷入了前所未有的危机之中。

董卓被王允和吕布诛杀后，其部将进攻长安，杀死王允，挟持了刘协。在随后的几年里，刘协被迫在军阀的争夺中流亡，生活极度困苦。

在流亡期间，刘协虽自身难保，但仍心系百姓。他开仓放粮以救济灾民，并亲自参与检验赈灾粮食的发放情况，果断处置了贪污赈灾粮食的官员。这一举措震慑了那些企图侵占赈灾物资的人，使得后续的赈灾工作得以顺利进行。

196 年，曹操迎奉刘协于许，开始实行他的“挟天子以令诸侯”的政治策略。

在此期间，刘协一直作为曹操的傀儡皇帝，没有实际权力。直到延康元年（220 年），他在魏王曹丕逼迫下禅位于曹丕，降封山阳公。青龙二年（234 年），刘协去世。

三国 (220 年—280 年)

三国时期是曹魏、蜀汉、东吴三个政权鼎立的时期。

东汉末年，中央集权制度崩溃，军阀四起，天下大乱。曹操先后击败吕布、袁术、袁绍等军阀，基本上统一了北方。在 208 年的赤壁之战中，曹操被孙刘联军击败。赤壁之战奠定了三国鼎立的局面。

曹魏 (220 年—265 年)

三国时期割据政权之一，后世史家多称“曹魏”，由于之后的北魏被称作“后魏”，故曹魏也称为“前魏”或者“先魏”。魏国都城在洛阳，共历五帝。

曹丕（187 年—226 年），曹魏的建立者（220 年—226 年在位）。

在曹操的众多儿子中，曹丕与曹植、曹彰等人展开了激烈的储位之争。曹丕善于结交文臣武将，赢得了广泛的支持。同时，曹丕还注意培养自己的势力，为日后继承王位打下了坚实的基础。

220 年，曹操病逝，曹丕继承丞相、魏王之位。同年，他逼迫汉献帝禅位，正式登基称帝，改国号为魏，改元黄初，并定都洛阳。

曹丕在位期间，进行了一系列政治改革。他采纳了尚书令陈群的意见，制定九品中正制，此制成为魏晋南北朝时期主要的选官制度。曹丕平定了青州、徐州一带的割据势力，巩固了曹魏的统治。他注重农业发展，兴修水利，减轻了农民的负担。同时，曹丕还恢复了太学，培养了大量的人才。

曹丕爱好文学，且有较高的文学成就，和父亲曹操和弟弟曹植一起被合称为“三曹”。

曹叡（cáo ruì） 魏明帝

曹叡（206 年—239 年），曹魏第二位皇帝（226 年—239 年在位）。

226 年，曹丕去世，曹叡即位为帝，是为魏明帝。

曹叡处事沉着、刚毅，明识善断，深谙制衡之道。他即位不久就政由己出，使几个辅政大臣形同虚设。他借由战事多次将曹休、曹真与司马懿调往边境，降低他们对中央朝政的影响力，成功掌握大权。

226 年，孙权攻江夏郡，曹叡准确地做出判断，并派荀禹指挥军队成功击退吴军。

228 年，诸葛亮第一次北伐，曹叡派遣曹真、张郃等人率领五万兵马拒敌，亲往长安压阵。

景初三年（239 年），曹叡病逝于洛阳，但因为他临终托孤不当，导致日后朝政动荡，最终政权旁落司马氏。

曹芳

cáo fāng

魏齐王

曹芳（232 年—274 年），曹魏第三位皇帝（240 年—254 年在位）。

由于魏明帝曹叡的亲生儿子全部夭折，曹芳被曹叡收为养子。据《魏氏春秋》记载，曹芳可能是任城王曹楷之子、曹操的曾孙。

景初三年（239 年），魏明帝曹叡病重，立曹芳为皇太子。魏明帝病逝后，曹芳即位，因年幼，由曹爽和司马懿共同辅政，次年改元正始。

正始十年（249 年），曹芳离开洛阳去祭扫魏明帝的坟墓，曹爽兄弟均跟从。司马懿乘机发动政变，罢废并处死曹爽，独掌军国大权。司马懿死后，其子司马师继续把持朝政。

嘉平六年（254 年），曹芳被司马师以失德为由废去帝号，贬为齐王。

曹髦

cáo máo

魏高贵乡公

曹髦（241 年—260 年），曹魏第四位皇帝（254 年—260 年在位）。

曹髦早年被封为郯县高贵乡公，自幼聪颖好学，有祖父曹丕的风范。曹髦于嘉平六年（254 年）即位，随着阅历增长，逐渐对司马氏兄弟的专横跋扈不满，试图夺回政权。他曾多次表示对司马昭擅权的不满，曾说“司马昭之心，路人所知也”，并欲以武力铲除司马氏。甘露五年（260 年），曹髦召集侍中王沈等人商议，决定亲自率兵讨伐司马昭。然而，此次行动被司马昭知晓，曹髦在途中被司马昭的心腹贾充所率军队中的成济所杀，年仅二十岁。

曹奂（246年—302年），曹魏第五位皇帝（260—265年在位）。

魏元帝

cáo huàn
曹奂

曹奂，原名曹璜，以名讳(huì)难避，改名"奂"。

曹髦被杀害后，司马昭与众臣商议，决定立曹奂为帝。

曹奂在即位前被封为常道乡公，即位后改年号为"景元"。

曹奂虽然名义上是皇帝，但实际上手中毫无权力，在大臣和军队中也没有任何势力，完全是司马氏的傀儡。

咸熙元年（264年），曹奂宣布废除屯田官以均政役，试图通过改革来调整统治政策，缓和社会矛盾，促进经济发展。

咸熙二年（265年），司马昭病逝，其子司马炎控制朝政。后曹奂被迫禅位于司马炎，魏国自此灭亡。

禅位后，曹奂被司马炎封为"陈留王"，食邑万户，可以使用天子旌旗。曹奂在陈留封国度过了晚年，于太安元年（302年）去世。

知识拓展

避讳：出现在中国古代的一种语言现象。遇到君主或尊长的名字时，不但不能直接说出，而且在书写的时候也不能直接写出，只能用改字、改音或减少字的笔画等方法予以回避，也称"避名讳"。

蜀汉 (221 年—263 年)

三国时期割据政权之一。221 年，刘备在成都称帝，国号“汉”，后世称“季汉”“蜀汉”，或“蜀”“刘蜀”等，263 年为魏所灭，共历二帝。

蜀汉昭烈帝

刘备 (liú bèi)

刘备（161 年—223 年），蜀汉的建立者（221 年—223 年在位）。

刘备，字玄德，涿郡涿县人，西汉中山靖王刘胜之后。刘备起兵早年因实力有限而屡遭失败，也曾短期依附过其他实力强大的诸侯。

赤壁之战后，刘备趁机拿下了荆州的一部分和益州，并在 221 年于成都称帝，建立了蜀汉政权。

他制定了一系列政策，鼓励农业发展，重视教育和文化，为蜀汉的稳定和发展奠定了基础。他自己虽然并不是卓越的军事家，但深知人才的重要性，能够发现并重用有才能的人，比如关羽、张飞等都是他的得力助手；再如三顾茅庐请诸葛亮出山辅佐自己。诸葛亮的智谋和才华对刘备建立蜀汉起到了至关重要的作用。

223 年，刘备在夷陵之战中兵败，最终病逝于白帝城。

刘禅

liú shàn

蜀汉后主

刘禅（207 年—271 年），蜀汉第二位皇帝（223 年—263 年在位）。

刘禅是刘备之子，小名阿斗，出生在刘备屯兵荆州新野的时候，是刘备之妾甘夫人所生。

建安十三年（208 年），曹操在长坂坡大败刘备，刘禅在赵云的保护下幸免于难。

建安二十四年（219 年），刘备自立为汉中王，刘禅被立为王太子。

章武元年（221 年），刘备称帝，建立蜀汉，刘禅被立为皇太子。

章武三年（223 年），刘备去世，刘禅继位为帝，时年十七岁，改元建兴。

在位初期，刘禅信任相父诸葛亮，支持北伐战争，致力于发展农业生产，与民休息。

延熙十七年（254 年）开始，刘禅以姜维督中外军事，多次率军伐魏，国力逐渐不支。

景耀六年（263 年），魏国大将军司马昭派钟会和邓艾分兵攻蜀，刘禅向邓艾投降，蜀汉灭亡。

蜀汉灭亡后，刘禅被封为安乐公，和部分蜀汉大臣被迁往洛阳居住。

西晋泰始七年（271 年），刘禅在洛阳去世。

孙吴 (222 年—280 年)

三国时期割据政权之一，是孙权在中国东南部建立的政权，国号为“吴”，史学界称“孙吴”。由于与曹魏、蜀汉呈鼎立之势，所统治地区又在东部，故也称“东吴”。

孙权（sūn quán）
吴大帝

孙权（182 年—252 年），孙吴的建立者（222 年—252 年在位）。

孙权，字仲谋，吴郡富春人。孙权自幼聪明机敏，胆识过人。他跟随兄长孙策转战江东各地，参与平定江东六郡的战役，为孙吴政权的建立立下了汗马功劳。

建安五年（200 年）孙策去世，孙权接掌江东基业。此时江东处于内忧外患之中。孙权一方面稳定内部局势，另一方面积极防御外敌的入侵。通过一系列的政治和军事手段，孙权成功巩固了江东基业，为孙吴政权的进一步发展奠定了基础。在赤壁之战中，孙权与刘备联军共同击败了曹操的大军，奠定了三国鼎立的格局。

孙权在位期间，积极扩张领土。他先后攻取了交州、荆州等地，使孙吴的势力范围不断扩大。与此同时，他派遣使者与曹魏、蜀汉长期保持外交活动，努力维护三国之间的均势。他注重发展经济和文化事业：推行屯田制，鼓励农业生产；兴修水利，改善农田灌溉条件；设立太学，培养人才。这些措施有力地促进了江东地区的经济繁荣和文化发展。

吴会稽王

孙（sūn）亮（liàng）

孙亮（243 年—260 年），孙吴第二位皇帝（252 年—258 年在位）。

孙亮是孙权少子。252 年，孙权去世后，孙亮即位为帝，时年十岁，大赦全国，改元“建兴”。

他在位期间，采用各种政治手腕来增强自己的地位，包括拉拢人心、利用外部势力等。

太平三年（258 年），孙亮联合全公主等图谋除掉权臣孙綝（chēn），事情泄露后被废为会稽王。

永安三年（260 年），孙亮被贬为候官侯，在前往封地途中去世。

孙休（235 年—264 年），孙吴第三位皇帝（258 年—264 年在位）。

吴景帝 孙(sūn)休(xiū)

孙休，孙权的第六子，孙綝发动政变，废黜孙亮为会稽王，迎立孙休为帝。孙休三让而受，改元“永安”。

孙休登基后，封孙綝为丞相，但随后与张布、丁奉合谋，成功除掉了权倾朝野的孙綝。

在位期间，孙休颁布良制，恩惠百姓，促进了东吴的繁荣。同时，他还创建国学，设太学博士制度，立五经博士，为南京太学之滥觞（shāng）。他还下诏鼓励农业发展，减轻赋役。

永安七年（264 年），孙休驾崩。

知识拓展

滥觞：出自《孔子家语·三恕》“夫江始出于岷山，其源可以滥觞”，指长江发源于岷山，源头的水少得只能浮起酒杯。后用“滥觞”来指事情的开始或事物的发端。

吴乌程侯
孙(sūn)皓(hào)

孙皓（242 年—284 年），孙吴最后一位皇帝（264 年—280 年在位）。

孙皓是孙权之孙，幼名彭祖。264 年，孙皓在丞相濮阳兴、左将军张布的拥戴下即位为帝，时年二十三岁。

孙皓即位初期，曾下令抚恤人民，开仓赈贫，减省宫女，放生珍禽异兽。但不久后，他就开始沉溺酒色，设立诸多酷刑，杀害或流放多名重要的宗室和大臣。

280 年，东吴被西晋攻灭，孙皓投降，被司马炎册封为归命侯。

284 年，孙皓在洛阳去世。

晋朝 (265 年—420 年)

晋朝分为西晋与东晋两个时期。司马炎代魏称帝，国号“晋”，史称“西晋”。316 年，匈奴贵族灭西晋，司马睿在南方重建晋朝，史称“东晋”。

西晋 (265 年—316 年)

中国历史上短暂的大一统王朝。为了区别于五代时的后晋，史称“西晋”，又称为“司马晋”。

司马炎（236 年—290 年），西晋开国皇帝（265 年—290 年在位）。

司马炎，河内郡温县人。咸熙二年（265 年），司马炎拜相国，袭封晋王。后来司马炎逼迫魏元帝曹奂禅位，登基称帝，改国号为“晋”。

咸宁六年（280 年），司马炎派兵灭吴，统一全国。

司马炎在位期间，颁布了户调式，实行占田制，贵族、品官按等级占田荫客，为晋朝的经济发展奠定了基础。他撤销了对曹魏宗室和汉朝宗室的督军，解除了对他们的禁锢，并罢除了曹魏政府对出征将士留取人质的法令。

同时，司马炎还恢复了谏官制度，启用了一批有才能的官吏，如傅玄、皇甫陶等。但是由于司马炎在巩固皇权的过程中，大封宗室，导致诸王统率兵马各据一方，内讧不已，甚至后来还引发了长达十六年的内战，史称“八王之乱”。

晋惠帝 司（sī）马（mǎ）衷（zhōng）

司马衷（259 年—307 年），西晋第二位皇帝（290 年—307 年在位）。

司马衷是晋武帝次子。太熙元年（290 年），晋武帝司马炎去世，司马衷即位为皇帝，改年号为“永熙”。

由于司马衷才智近愚痴，不能胜任政事，初期由太傅杨骏辅政。后来，皇后贾南风逐渐掌握实际大权，导致西晋朝廷动荡。在贾南风的操纵下，西晋皇室内部发生权力斗争，史称“八王之乱”。在这场内乱中，司马衷多次被不同势力辗转扶持，沦为傀儡皇帝，受尽凌辱。八王之乱期间，晋朝的社会秩序和经济发展受到了严重破坏。

光熙元年（307 年），司马衷去世。

知识拓展

何不食肉糜：出自《晋书·惠帝纪》的典故，主要用来讽刺那些对事物没有全面认知——尤其是身处优越环境而对处境困难的人缺乏同理心的人。

晋惠帝司马衷在位期间，有一年发生饥荒，百姓没有粮食吃，只有挖草根、吃树皮，许多百姓因此活活饿死。消息被迅速报到了皇宫中，晋惠帝坐在高高的皇座上听完大臣的奏报后，大为不解。晋惠帝很想为他的子民做点事情，但实在昏庸无知，经过冥思苦想后终于想出了一个“解决方案”。他说：“百姓无粟米充饥，何不食肉糜？”（百姓肚子饿没米饭吃，为什么不去吃肉煮成的粥呢？）

晋怀帝 司（sī）马（mǎ）炽（chì）

司马炽（284 年—313 年），西晋第三位皇帝（307 年—311 年在位）。

在八王之乱中，司马炽并未积极参与，而是保持低调。在东海王司马越的扶持下，司马炽于 307 年即位为帝，改年号为“永嘉”。

在位期间，司马炽试图稳定政局，赦免了因战乱而流亡的难民，减轻了农民的负担，并整顿了官场风气。他继续推行占田令制，使农民可以拥有土地，从而提高生产积极性。

司马炽在文化方面也有所贡献。他推崇儒家文化，重视教育，被誉为“守文佳主”。

但是由于晋朝内部的权力斗争和外部割据势力的压力，司马炽的统治并未能长久。

311 年，刘聪的军队攻破洛阳，焚烧官庙，司马炽被俘，海内大乱，史称“永嘉之祸”。

313 年，司马炽被刘聪毒杀，时年三十岁。

司马邺（300 年—318 年），西晋最后一位皇帝（313 年—316 年在位）。

因刘聪的军队攻陷洛阳，司马邺出逃到长安，被拥立为太子。

晋怀帝司马炽于平阳遇害后，司马邺在长安即帝位，改元“建兴”。

他即位时，西晋已处于风雨飘摇之中，没有足够的军事力量与前赵作战。于是，他联合其他军事力量，试图对抗前赵的进攻，并制订三路收复中原的计划，但因种种原因，计划未能执行。

他在位期间，长安城内人户稀少，百姓生活困苦，朝内将官争斗不断。

建兴四年（316 年），前赵攻打长安，司马邺在食粮断绝的情况下投降前赵，被俘至平阳。

建兴五年十二月戊戌日（318 年 2 月 7 日），司马邺在平阳被前赵皇帝刘聪杀害。

西晋皇族南迁后建立的王朝，是晋朝的延续。

晋元帝

sī mǎ ruì
司马睿

司马睿（276 年—323 年），东晋开国皇帝（317 年—323 年在位）。

司马睿于永嘉元年（307 年）南下，担任安东将军、都督扬州军事，镇建邺。

在王导、王敦兄弟的辅佐下，司马睿优待南北士族，消灭反抗势力，安置流亡，终在江南立足。

晋愍帝死后，司马睿即皇帝位，建都建邺，史称“东晋”。

东晋建立过程中，以王导、王敦为首的琅邪王氏贡献最大，出现了主弱臣强的局面。司马睿在政治上服从王导，在军事上依靠王敦，时人称“王与马，共天下”。

永昌元年（322 年），王敦以诛刘隗为名，在武昌起兵，攻入建邺，杀死戴渊，软禁司马睿。后司马睿在忧愤中病逝。

晋明帝

sī mǎ shào
司马绍

司马绍 （299 年—325 年），东晋第二位皇帝（323 年—325 年在位）。

永嘉元年（307 年），司马绍随父亲司马睿一同移镇建邺。

司马睿即位称帝后便立长子司马绍为皇太子。

司马睿去世后，司马绍即皇帝位，大赦天下。

在位期间，司马绍凭借弱势的中央，成功制衡权臣世家，有力地推动了南方社会安定发展。

太宁二年（324 年），司马绍成功平定王敦之乱，且并未追究王敦党羽之过，而全力重用丞相王导，保持与江东士族的和谐关系，稳定东晋的局势，对安定国家大局和巩固皇室权威影响深远。

太宁三年（325 年），司马绍病逝。

晋成帝

sī mǎ yǎn
司马衍

司马衍（321 年—342 年），东晋第三位皇帝（325 年—342 年在位）。

太宁三年（325 年），司马衍即位，由于年幼，其母皇太后庾文君临朝听政。庾太后去世后，由王导与庾亮辅政。

司马衍在位期间，东晋王朝面临苏峻与祖约的叛乱，司马衍被俘至石头城，直到咸和四年（329 年）叛乱才平。

咸康二年（336 年），他颁布“壬辰诏书”，禁止豪族将领将山川大泽私有化。

咸康七年（341 年），他下令以土断方式将自江北迁来的世族编入户籍。

咸康八年（342 年）六月初五，司马衍身体不适，下诏让他的弟弟琅邪王司马岳继承帝位。同年六月，司马衍驾崩，时年二十二岁。

司马衍本人是书法名家，他的草书劲力外爽，古风内含。

晋康帝 司(sī)马(mǎ)岳(yuè)

司马岳（322 年—344 年），东晋第四位皇帝（342 年—344 年在位）。

咸康八年（342 年），晋成帝病重，在掌权的庾冰等人的建议下，晋成帝舍弃自己的两个儿子，立自己的弟弟司马岳为皇位继承人。同年，晋成帝去世，司马岳即位。但司马岳仅在位三年，并无显著政绩被记载。司马岳有较高的书法造诣，其代表作品《陆女帖》被收录进宋代的《淳化阁帖》。

知识拓展

《淳化阁帖》：中国最早的一部汇集各家书法墨迹的法帖。所谓“法帖”，是一种传统法式，将古代著名书法家的墨迹经双钩描摹后，刻在石板或木板上，再拓印装订成帖。

晋穆帝 司(sī)马(mǎ)聃(dān)

司马聃（343 年—361 年），东晋第五位皇帝（344 年—361 年在位）。

建元二年（344 年），年仅两岁的司马聃被立为太子。同年，晋康帝驾崩，司马聃即位。由于司马聃年幼，其母皇太后褚蒜子摄政，朝事先后由何充、蔡谟（mó）、会稽王司马昱等人把持。司马聃本人在历史上的作为并不显著。尽管他在位期间有北伐等军事行动，但多未取得决定性胜利。

升平五年（361 年），司马聃在显阳殿驾崩，年仅十九岁。

晋哀帝 司(sī)马(mǎ)丕(pī)

司马丕（341 年—365 年），东晋第六位皇帝（361 年—365 年在位）。

升平五年（361 年），在崇德太后的扶持下，二十一岁的司马丕即位为皇帝，改年号为“隆和”。

司马丕重视官僚队伍的建设，选拔有才干、品德的人才入朝为官，并实行官员考核制度。

在经济民生方面，他力图减轻农民的负担，推行了一系列惠农政策，鼓励农民积极发展生产，并加强了对水利资源的治理；实行“庚戌土断”，将居民按实际居住地点编定户籍。同时，司马丕还注重文化教育和学术研究，推行“崇文重教”政策，大力支持文化教育事业的发展。他也是一名书法家，代表作品有《中书帖》等。

不过，由于他在位期间，东晋内部的军阀斗争激烈，大司马桓温执政时几次兴兵北伐，虚耗国力，导致东晋逐渐走向衰败。

兴宁三年（365 年），司马丕去世，时年二十五岁。

晋废帝 司(sī)马(mǎ)奕(yì)

司马奕（342 年—386 年），东晋第七位皇帝（365 年—372 年在位）。

兴宁三年（365 年），因晋哀帝司马丕无子嗣，他的弟弟司马奕在崇德太后褚蒜子的支持下即帝位，改年号为“太和”。

司马奕在位期间软弱无能，权臣桓温掌握朝政并意图篡位。太和六年十一月（372 年 1 月），桓温通过诬陷司马奕身体有疾病不能生育等手段，废黜司马奕为东海王。

咸安二年（372 年），司马奕又被降封为海西县公。太元十一年（386 年），司马奕病逝。

司(sī)马(mǎ)昱(yù)

晋简文帝

司马昱（320 年—372 年），东晋第八位皇帝（372 年在位）。

司马昱经历元、明、成、康、穆、哀、废帝七朝，桓温废黜废帝司马奕后，改立司马昱为皇帝。但是他即位后，多受桓温牵制，仅能“拱默守道而已”，在位仅八个月后，便因忧愤而崩。

据说司马昱曾经著有文集五卷，不过已经遗失。他的书法作品《庆赐帖》被《淳化阁帖》收录，流传至今。

司(sī)马(mǎ)曜(yào)

晋孝武帝

司马曜（362 年—396 年），东晋第九位皇帝（372 年—396 年在位）。

司马曜为晋简文帝第六子。咸安二年（372 年），晋简文帝驾崩前夕，司马曜被立为皇太子，随后在晋简文帝驾崩后即皇帝位，时年十一岁。司马曜最初由大司马桓温辅政，但桓温于宁康元年（373 年）去世，随后由崇德太后褚蒜子临朝听政。太元元年（376 年），太后归政，但是实权随后落入以谢安为代表的陈郡谢氏手中。

太元八年（383 年），司马曜依靠谢、桓二氏，击败前秦的进攻，取得淝水之战的胜利。后来，他利用士族门阀人才断层的空档期，致力于冲破门阀政治的格局，实现皇权的巩固，并委任其弟司马道子夺了谢氏兵权，成为东晋开国江左以来最有权力的君主。但是，司马曜晚年耽于享乐，又不满司马道子争权，造成朝政日趋混乱。最后因为酒后与后宫张贵人起争执而被害死。

晋安帝

司马德宗（sī mǎ dé zōng）

司马德宗（382 年—419 年），东晋第十位皇帝（396 年—419 年在位）。

司马德宗即位时，东晋已内乱频发，国势日衰。他不太聪慧，不擅长说话，甚至无法区别冬夏。因此，朝政主要由会稽王司马道子及其子司马元显主持。司马德宗在位期间，经历了多次叛乱、军事冲突，还经历了桓玄的篡位。

义熙十四年十二月戊寅日（419 年 1 月 28 日），司马德宗被刘裕遣人勒死于东堂。他的死标志着东晋皇权的进一步丧失，为后来刘裕建立宋朝奠定了基础。

晋恭帝

司马德文（sī mǎ dé wén）

司马德文（386 年—421 年），东晋最后一位皇帝（419 年—420 年在位）。

晋安帝遇弑后，司马德文即位为帝，年号“元熙”。

元熙二年（420 年）六月，司马德文禅位于宋王刘裕，被废为零陵郡王，东晋自此灭亡。

次年，司马德文被杀，时年三十六岁。

南北朝 (420 年—589 年)

南北朝是对南朝（420 年—589 年）和北朝（439 年—581 年）的合称，指中国历史上从 420 年东晋灭亡、南朝宋建立到 589 年隋朝统一全国期间，中国历史上形成的南北对峙的局面。

南朝 (420 年—589 年)

南朝是继东晋之后，由汉族建立起来的王朝，在中国历史上有着极其重要的地位，为华夏文明的延续、发展和传播做出了不可磨灭的贡献。当时在南方兴起了建康、江陵、广陵、成都等大城市，为南方取得长足的发展奠定了基础。以建康等城市为代表的南朝文化，在人类历史上产生了深远影响。

南朝宋 (420 年—479 年)

中国南北朝时期南朝的第一个朝代，是南朝中存在时间最久、疆域最广的朝代，历经九帝。因国君姓刘，为与赵匡胤建立的赵宋相区别，又称刘宋。

宋武帝 刘裕

liú yù

刘裕（363 年—422 年），南朝宋开国君主（420 年—422 年在位）。

刘裕自幼家贫，后投身北府军为将。他凭借出色的军事才能和领导能力，在军队中迅速崭露头角。后来凭借着赫赫军功，刘裕得以总揽东晋军政大权。

永初元年（420 年），刘裕代晋自立称帝，定都建康，改国号为“宋”，开启了南朝刘宋的时代。

刘裕在位期间，吸取前朝士族豪强专横的教训，加强中央集权，抑制土地兼并，实施土断政策，整顿吏治，重用寒门士子，振兴教育。此外，他还多次派人去解民生疾苦，减轻徭役和赋税，废除苛法，有效改善了社会状况，为元嘉之治奠定了基础。

宋少帝 刘义符

liú yì fú

刘义符（406 年—424 年），南朝宋第二位皇帝（422 年—424 年在位）。

永初三年（422 年），刘裕逝世后，刘义符即皇帝位，时年十七岁，改年号为“景平”。因年纪尚轻，且性格顽劣，他整日嬉戏玩闹，不理军国大事，甚至对北魏的进攻也不闻不问，致使国内人心惶惶。

景平二年（424 年），刘义符被权臣徐羡之、谢晦等人废为营阳王。不久后，刘义符被杀，年仅十九岁。

宋文帝 刘(liú)义(yì)隆(lóng)

刘义隆（407 年—453 年），南朝宋第三位皇帝（424 年—453 年在位）。

景平二年（424 年），在徐羡之、傅亮、谢晦等人的拥戴下，刘义隆登基为帝，年号“元嘉”。

刘义隆博览经史，善写隶书，性格深沉有谋略。

元嘉三年（426 年），刘义隆诛杀徐羡之、傅亮、谢晦，政由己出。他下令清理户籍，减免百姓欠政府的“通租宿债”，实行劝学、兴农、招贤等一系列措施，使社会安定，经济文化日趋繁荣，史称“元嘉之治”。

但是，他在位期间，与弟刘义康之间存在权力斗争。刘义康一度坐镇中枢，独断专横，目无兄长，导致兄弟二人反目。后来，太子刘劭叛乱，弑杀了刘义隆，结束了他的统治。

刘(liú)劭(shào)

刘劭（424 年—453 年），南朝宋第四位皇帝（453 年在位）。

刘劭虽然是宋文帝刘义隆的嫡长子，但他并非以正常继承的方式成为皇帝。

他于元嘉三十年（453 年）发动叛乱，弑杀了自己的父亲刘义隆，随后自立为帝。但是他的统治并未得到广泛认可，很快便陷入了内乱之中。最终，他被刘义隆的第三子刘骏所击败，刘劭及其子均被处死。

刘劭是中国历史上第一个通过弑父手段夺取皇位的皇帝，其弑逆之举引发千古骂名，史家不承认其为南朝宋的正统皇帝。

宋孝武帝 刘骏（liú jùn）

刘骏（430 年—464 年），南朝宋第五位皇帝（453 年—464 年在位）。

元嘉三十年（453 年），太子刘劭弑父，刘骏起兵讨伐刘劭，夺得帝位。

刘骏从小聪明，文武双全。在位期间推行了一系列加强中央集权的改革，如削弱士族权力，大力提拔寒士，整顿刑律，并改置州镇和设立典签。他继续推行土断政策，限制士族封山占水，推行“检籍”，赦免奴婢和军户，抑制土地兼并，设立台使，改革税制，并改铸钱币。他任用颜师伯等将领击溃北魏，取得了第一次青州之战的胜利，收复了济水以北的失地，同时开展军制改革。

他尊孔崇佛，重视礼乐，打破了士庶门阀界标，使士风为之一变。但由于他过度削弱宗室的力量，并在晚年大兴土木，导致政局不稳，削弱了刘宋的根基。

宋前废帝 刘子业（liú zǐ yè）

刘子业（449 年—466 年），南朝宋第六位皇帝（464 年—466 年在位）。

大明八年（464 年），宋孝武帝去世，刘子业即位，改元“永光”。

刘子业年少即位后，行事荒唐残忍，诛杀宗室和大臣，引起了朝野的强烈不满。

景和元年冬（466 年），刘子业被湘东王刘彧等人废杀。

宋明帝 刘彧

liú yù

刘彧（439 年—472 年），南朝宋第七位皇帝（466 年—472 年在位）。

刘彧杀死宋前废帝刘子业后即位，改元“泰始”。

据说他少年时期外貌俊俏，但成年后因缺乏运动而变得非常肥胖。

刘彧在位期间，平定了刘子勋及方镇叛乱，但这一行动耗损了国力，导致北魏趁机占领了山东和淮北地区。为防范宋孝武帝刘骏诸子夺位，他又肆意屠杀皇亲宗室、功臣名将，削弱统治阶层力量，导致王朝自此衰败。寒门武将萧道成趁势崛起。

泰豫元年（472 年），刘彧病逝于建康宫景福殿，享年三十四岁。

宋后废帝 刘昱

liú yù

刘昱（463 年—477 年），南朝宋第八位皇帝（472 年—477 年在位）。

刘昱年少即位，为政时朝政混乱，任命萧道成为宰相，导致朝政为萧道成把持。

元徽五年（477 年），十五岁的刘昱被杨玉夫等人杀害。他死后被废为苍梧王，史称“宋后废帝”。他的死加速了南朝宋的衰亡。

宋顺帝 liú 刘 zhǔn 準

刘準（469 年—479 年），南朝宋最后一位皇帝（477 年—479 年在位）。

元徽五年，刘準在萧道成的拥立下即位。他虽为皇帝，但大权实际掌握在萧道成手中。此时，萧道成已经笼络了大批朝臣，准备代宋自立。

升明三年（479 年），萧道成要求刘準禅位，刘準被迫下诏禅位给萧道成，刘宋政权至此灭亡。禅位后，刘準被萧道成封为汝阴王并派兵监管。不久后，刘準被杀害，年仅十一岁。

南朝齐 (479 年—502 年)

南北朝时期南朝的第二个朝代。南齐是南朝四个朝代中最短命的，历经七帝。

齐高帝 xiāo 萧 dào 道 chéng 成

萧道成（427 年—482 年），南朝齐的建立者（479 年—482 年在位）。

萧道成出身于东海兰陵萧氏。

升明三年（479 年），萧道成迫使宋顺帝刘準禅位，自己登基称帝，改国号为“齐”，定都建康，史称“南齐”。

他在位期间，实行了一些旨在巩固统治的措施，如实行土断政策，限制诸王营建邸第、封占山湖等；同时安抚流民，整理户籍，减轻租税。他以身作则，为政节俭，致力于恢复经济、稳定社会。他博学多才，工于草书和隶书，是中国历史上著名的书法家之一。

萧赜（440 年—493 年），南朝齐第二位皇帝（482 年—493 年在位）。

建元四年（482 年），齐高帝萧道成去世，萧赜即位，是为齐武帝。

在位期间，萧赜致力于发展南朝齐的政治、经济、军事和文化。他恢复了百官禄田俸秩；劝课农桑，减免赋役；注重文学和学校教育；积极与北魏建立友好的关系，使南朝齐社会趋于安定祥和状态，境内十多年间没有发生大的战争。这一时期被称为“永明之治”。

萧昭业（473 年—494 年），南朝齐第三位皇帝（493 年—494 年在位）。

永明十一年（493 年），萧昭业的父亲文惠太子萧长懋（mào）去世。同年四月，齐武帝立萧昭业为皇太孙，令其居住在东宫。齐武帝去世后，萧昭业即帝位，实行大赦。

萧昭业即位后，不理朝政，挥霍无度，动辄赏赐，导致国库空虚，而大权却旁落到萧鸾手中。

萧昭业在位时间很短。隆昌元年（494 年），萧鸾引兵入宫弑杀了萧昭业，并假借太后之令，废萧昭业为郁林王。

萧昭文（xiāo zhāo wén）

齐海陵王

萧昭文（480 年—494 年），南朝齐第四位皇帝（494 年在位）。

隆昌元年（494 年），在辅政大臣西昌侯萧鸾的安排下，萧昭文即位称帝，改年号为“延兴”。萧昭文在位期间，朝政大权完全掌握在萧鸾手中，他实际上并未能真正行使皇帝的权力。

后来，萧昭文被萧鸾废为海陵王，随后遇害。他是南朝齐在位时间最短的皇帝，仅在位七十多天。

萧鸾（xiāo luán）

齐明帝

萧鸾（452 年—498 年），南朝齐第五位皇帝（494 年—498 年在位）。

萧鸾是南朝齐高帝萧道成的侄子，父母早逝，由叔父萧道成抚养长大。萧道成对其视如己出。萧鸾接受齐武帝遗诏辅政，却连续废杀郁林王萧昭业、海陵王萧昭文，后自立为帝。

他即位后，南朝齐多次被北魏进攻且防守作战不利。或许因为他是通过篡位得到帝位，所以他始终猜忌他人，杀害了很多同宗同族。

萧（xiāo）宝（bǎo）卷（juàn）

齐东昏侯

萧宝卷（483 年—501 年），南朝齐第六位皇帝（498 年—501 年在位）。

萧宝卷为萧鸾的次子，自幼口吃，不喜读书，常在东宫和侍卫们一起通宵达旦挖洞捉老鼠。

建武元年（494 年），因萧鸾的长子萧宝义是庶出且残疾，难以继承帝位，故萧宝卷被册立为皇太子。

永泰元年（498 年），萧鸾去世，萧宝卷即位，改元“永元”。

萧宝卷即位后，不理政事，宠信宦官，残暴嗜杀，大兴土木，修建极为豪华的宫殿，致使人心离散，国势日衰。后萧宝卷在萧衍起兵后被杀，废为东昏侯。

知识拓展

步步生莲：来自萧宝卷的荒唐故事。他命令工匠在地上贴上用黄金打造的莲花，夏天让潘玉儿赤脚行走其上，以显现步步生莲花的景象。这种奢华的行为，反映了萧宝卷作为君主的荒诞和奢侈。后世常用“步步生莲”这个成语来形容女子步态轻盈，也用来比喻人行走时姿态优雅、轻盈飘逸。

萧（xiāo）宝（bǎo）融（róng）

齐和帝

萧宝融（488 年—502 年），南朝齐最后一位皇帝（501 年—502 年在位）。

501 年，萧宝融在江陵即皇帝位，改元“中兴”。

502年，萧衍派人迎萧宝融东归。萧宝融到达姑孰，在萧衍的逼迫下，下诏宣布逊位于萧衍，南朝齐至此灭亡。逊位后，萧宝融被降为巴陵王。同年四月，萧衍派遣亲信郑伯禽到姑孰，趁萧宝融饮酒沉醉将其杀害。

南朝梁（502年—557年）

南北朝时期南朝的第三个朝代。因萧衍封地在古梁郡，故定国号为“梁”。因皇室姓“萧”，又称“萧梁”。南朝梁共传六帝。

梁武帝 萧衍（xiāo yǎn）

萧衍（464年—549年），南朝梁的建立者（502年—549年在位）。

萧衍是齐高帝萧道成族侄，是南朝各个皇帝中统治时间最长的皇帝。

502年，萧衍废萧宝融，自立为帝，改国号“梁”，成为梁朝的开国皇帝。

萧衍在位初期，留心政务，纠正宋、齐以来的弊政，强化中央集权和行政管理，优待高门皇族，同时提拔寒士。

他改革选官制度；加强对经济的管理，支持商业活动的发展；注重文化事业的发展，鼓励文化交流和艺术创作；提倡佛教和道教，修建寺庙和道观。他全力抵御北魏的进攻，在钟离之战中取得胜利，维持了南北均势。但随着年龄的增长，他开始怠于政事。

548年，东魏降将侯景发动叛乱，次年渡江攻破建康，萧衍被囚死于建康台城，享年八十六岁。

梁简文帝 萧纲（xiāo gāng）

萧纲（503 年—551 年），南朝梁第二位皇帝（549 年—551 年在位）。

“侯景之乱”导致梁武帝萧衍受囚而死后，萧纲在太清三年五月二十七日（549 年 7 月 7 日）即位称帝，改元“大宝”，但是在大宝二年八月十七日（551 年 10 月 2 日），他就被侯景废黜为晋安王。同年，萧纲被侯景杀害。

萧纲虽然在位时间短，并没有多少作为，但他在文学上的成就及对社会的贡献不容忽视。他是南朝时期的文学家，其诗作时称“宫体诗”。他的宫体诗作品在中国文学史上占有非常重要的地位。他还精通医学，曾经著有《沐浴经》（三卷）、《如意方》（十卷）等医学著作，但可惜的是，这些作品都已经流失无考。

知识拓展

宫体：一种描写宫廷生活的诗风，文笔较纤巧，讲求音律。

梁豫章王 萧栋（xiāo dòng）

萧栋（？—552 年），南朝梁第三位皇帝（551 年—552 年在位）。

梁大宝二年（551 年），叛臣侯景废杀了梁简文帝萧纲后，又拥立萧栋为皇帝，改年号为“天正”。然而，萧栋的皇位并不稳固。四个月后，侯景就废黜了萧栋，降封他为淮阴王，还将他锁于密室之中。

552 年，“侯景之乱”被平定后，萧栋得以离开密室，但随后梁元帝萧绎派人将其沉入水中杀害。

梁元帝 萧（xiāo）绎（yì）

萧绎（508 年—555 年），南朝梁第四位皇帝（552 年—555 年在位）。

“侯景之乱”是萧绎人生中的一个重要转折点。在这场叛乱中，他先是坐视其父梁武帝萧衍被困于台城并最终饿死，未积极救援。随后，他利用“侯景之乱”的机会，消灭了异己势力，扩大了自己的地盘和影响力。为平定“侯景之乱”，他派遣大将王僧辩、陈霸先等人，成功击败了侯景的叛军，为梁朝的稳定和恢复做出了重要贡献。

平定“侯景之乱”后，萧绎在江陵即位为帝，改元“承圣”。

他即位后，致力于振兴国运，恢复梁朝的繁荣。他采取了一系列措施，加强中央集权，整顿吏治，减轻百姓负担，发展经济和文化事业。然而，由于内部矛盾和外部威胁的加剧，他的政策并未能完全实施。在他统治后期，西魏军队攻入梁朝。萧绎选择继续与西魏军队作战。然而，由于梁朝军队实力不足，萧绎最终未能成功抵御西魏的进攻。555 年 1 月，江陵城陷，萧绎被俘并被杀害，其短暂的统治生涯结束。

萧绎在文学和艺术方面的成就非常高。他的《金楼子》一书被誉为南朝时期的重要文学作品之一，对后世产生了深远的影响；同时，他在书画方面也有很高的造诣。

梁贞阳侯

萧(xiāo)渊(yuān)明(míng)

萧渊明（？—556年），南朝梁第五位皇帝（555年在位）。

555年，梁元帝萧绎为西魏所杀后，贞阳侯萧渊明在北齐文宣帝高洋的支持下返还建康，被王僧辩拥立为帝，年号“天成”。

然而，萧渊明在位仅四个月，就被陈霸先废黜，降为建安王。

绍泰二年（556年），萧渊明因毒疮发作而去世。

梁敬帝

萧(xiāo)方(fāng)智(zhì)

萧方智（543年—558年），南朝梁最后一位皇帝（555年—557年在位）。

梁元帝遇害后，萧方智在王僧辩和陈霸先的拥立下被立为嗣君，入朝监国理政。然而，王僧辩听信于北齐，在北齐的强势干预下，拥立萧渊明为帝，萧方智被降为太子。

承圣四年（555年），陈霸先袭杀王僧辩，废黜萧渊明，拥立萧方智为帝，年号“绍泰”。但此时，军政大事实际上都掌握在陈霸先手中。

太平二年（557年），萧方智禅位于陈霸先，梁朝灭亡，萧方智被废为江阴王。

永定二年（558年），萧方智被陈霸先杀害，年仅十六岁。

南朝陈（557年—589年）

南北朝时期南朝的最后一个朝代，为陈武帝陈霸先所建立，定都建康，史称“南陈”“南朝陈”。南朝陈共传五帝。

陈武帝 陈霸先（chén bà xiān）

陈霸先（503 年—559 年），南朝陈的建立者（557 年—559 年在位）。

陈霸先出身贫寒，但胸怀大志，涉猎史籍，尤其喜欢阅读兵书。在平定“侯景之乱”的过程中，他趁势崛起，对平乱起到了至关重要的作用。梁元帝败亡后，王僧辩迎立北齐送来的萧渊明为帝。陈霸先利用江南民心不满，杀王僧辩，大败北齐军，拥立萧方智为帝。

太平二年（557 年），在彻底掌握南朝梁实权后，陈霸先受禅让建立陈朝，改元“永定”。

他即位后，励精图治，任贤使能，政治清明。他注重发展经济和文化事业，使得江南地区逐渐恢复了往日的繁荣。

永定三年（559 年），陈霸先因病去世，享年五十七岁。

陈文帝 陈蒨（chén qiàn）

陈蒨（520 年或 522 年—566 年），南朝陈第二位皇帝（559 年—566 年在位）。

永定三年（559 年），陈武帝去世，陈蒨登基为帝，改元“天嘉”。

陈蒨即位后，整顿吏治，严惩贪腐官员，选拔贤能之士进入朝廷；减轻民众负担，推行一系列惠民政策，以恢复民生。这些改革措施为陈朝的稳定和发展奠定了基础。他在位期间的统治史称“天嘉之治”。

陈蒨曾成功平定了多起内乱和外敌进攻，如击败了占据长沙的王琳，平定了留异和陈宝应等割据势力，为陈朝的稳定和发展立下了赫赫战功。

天康元年（566 年），陈蒨去世。

陈废帝

chén bó zōng
陈伯宗

陈伯宗（554 年—570 年），南朝陈第三位皇帝（566 年—568 年在位）。

天康元年（566 年），陈文帝去世。后陈伯宗在太极前殿即位，改年号为“光大”。由于陈伯宗年幼，朝政由叔父安成王陈顼掌握。

光大二年(568 年),陈顼以陈伯宗个性太软弱、难以担当大任为由发动政变，废黜陈伯宗的帝位，将其废为临海王，令其回到藩邸居住。同年，陈顼自立为帝，是为陈宣帝。

太建二年(570 年),陈伯宗去世,年仅十七岁。

陈宣帝

chén xū
陈顼

陈顼（528 年—582 年），南朝陈第四位皇帝（568 年—582 年在位）。

陈顼以侄子陈伯宗个性软弱、难以担当大任为由,发动政变,废黜陈伯宗,自立为帝,改元“太建”。

他在位期间，注重兴修水利，开垦荒地，并鼓励农民生产，使当时社会经济得到一定的恢复与发展。他还曾命大将吴明彻、裴忌率兵十万伐齐，夺回淮南旧地，但并未乘胜灭齐。

太建十年（578 年），陈顼再次北伐，但终被北周军队击败，将士三万人被俘，淮南之地全数沦陷。陈自此一蹶不振。

太建十四年（582 年），陈顼驾崩。

陈叔宝（陈后主）

陈叔宝（553 年—604 年），南朝陈最后一位皇帝（582 年—589 年在位）。

太建十四年（582 年），陈宣帝驾崩，其子陈叔宝即位，成为陈朝也是南朝历史上最后一位君主。

陈叔宝荒废朝政，不理政事，将政事交给宠妃张丽华及其推荐的官员处理。他大建宫室，生活奢侈，日夜与妃嫔、文臣游宴。

陈祯明三年（589 年），隋军南下攻破陈都城建康，陈灭亡。陈叔宝被隋军掳至长安，自此结束了他短暂的帝王生活。

隋开皇十四年（604 年），陈叔宝在洛阳病逝，终年五十二岁。

陈叔宝并不是一个称职的帝王，但是在促进文化发展上却有一定的贡献。他本人热爱文学，擅长诗文创作，所作的《玉树后庭花》被视为典型的“亡国之音”。同时，他还是一位天才音乐家，他的音乐作品多配合诗歌弹奏，形成了独特的宫廷音乐风格。

北朝 (386 年—581 年)

北朝是南北朝时期存在于北方的五个朝代的总称。

北朝包括北魏、东魏、西魏、北齐和北周五朝。从北魏统一北方开始到隋文帝建立隋朝为止，这五个朝代与南方地区在东晋灭亡后相继出现的宋、齐、梁、陈四个朝代（即南朝）对峙，合称“南北朝”。

北朝结束了中国从八王之乱起将近一百五十年的混战局面。后世的隋唐两朝的开国皇帝们的祖先都是北朝名贵，并且从军事和政治制度等各个领域沿袭北朝并进行发展和创新，奠定了隋唐盛世和民族大融合的基础。

北魏 (386 年—534 年)

南北朝时期北朝的第一个朝代，由鲜卑族拓跋氏所建，也称“拓跋魏”“元魏”。

北魏道武帝 拓(tuò)跋(bá)珪(guī)

拓跋珪（371 年—409 年），北魏的建立者（386 年—409 年在位）。

登国元年（386 年），年仅十六岁的拓跋珪趁机复国，称“代”，后改称“魏”，这是北魏王朝的开端。

拓跋珪对内励精图治，实行了一系列汉化改革，推动拓跋鲜卑政权进入封建社会。

拓跋珪具备卓越的军事才能，善于分析敌情和制定战略，使北魏军队在战场上屡屡取胜。他击败了贺兰部、铁弗、高车、柔然等草原诸部，并与后燕、后秦争霸。

皇始三年（398 年），拓跋珪定国号为“大魏”，将国都从盛乐迁到平城，并在那里即皇帝位。但是，拓跋珪在执政晚期变得刚愎自用，猜忌臣下，不睦兄弟。天赐六年（409 年），他被他的次子拓跋绍所杀害，年仅三十九岁。

北魏明元帝 拓（tuò）跋（bá）嗣（sì）

拓跋嗣（392 年—423 年），北魏第二位皇帝（409 年—423 年在位）。

拓跋嗣是北魏道武帝拓跋珪的长子，天赐六年（409 年），拓跋嗣的弟弟清河王拓跋绍叛乱，杀害了拓跋珪。拓跋嗣入宫诛杀了拓跋绍，平息了叛乱，随后即皇帝位，改元“永兴”。

拓跋嗣在位期间，选贤任能，整顿吏治，健全法律，同时，北征柔然、丁零，东袭北燕，南攻刘宋，取得了司州及兖州、豫州部分地区，并修筑长城用以防范柔然。可以说，拓跋嗣是北魏开国历史中承前启后的人物。

泰常七年（422 年），拓跋嗣患病，大封诸王，册立泰平王拓跋焘为皇太子，命其临朝听政，命长孙嵩等人辅政。

泰常八年（423 年），拓跋嗣驾崩，时年三十二岁。

北魏太武帝 拓跋焘（tuò bá tāo）

拓跋焘（408 年—452 年），北魏第三位皇帝（423 年—452 年在位）。

拓跋焘即位后，四处征伐，先后攻灭夏、北燕、北凉等国，结束了十六国割据的局面，完成了统一北方的大业。

他采取镇抚兼施之策，使西域及东北诸国遣使朝贡，加强了北魏的对外影响力。

他在位期间，重视军事改革，提高了军队的战斗力，并且重用汉族士人，推进汉化改革，包括两次改定律令，以宽刑省罚平息民怨。他还创行新字，兴办教育，在平城东建太学，为北魏的强盛奠定了基础。然而，他晚年大兴“国史之狱”，限制旧贵族参政，使士族受打击并产生不满。同时，连年征战导致社会矛盾激化，也为北魏的衰落埋下了伏笔。

知识拓展

国史之狱：北魏大臣崔浩因主持编纂的国史揭露了北魏统治者拓跋氏祖先的屈辱历史，触怒了拓跋焘，导致崔浩及其姻亲家族遭受灭顶之灾，数百人因此丧命。

北魏南安王 拓跋余（tuò bá yú）

拓跋余（？—452 年），北魏第四位皇帝（452 年在位）。

拓跋余为拓跋焘少子。正平二年（452 年），中常侍宗爱弑杀太武帝拓跋焘后，拥立拓跋余为帝。拓跋余改元“承平”。

拓跋余常厚赐大臣以收买人心，导致国库

迅速空虚。他酗酒，喜好野外狩猎，花费没有限度，且不过问国家大事。即使边境告急，拓跋余也不出兵救助，导致百姓怨声载道。宦官宗爱在此期间身居宰相高位，专权跋扈，总管三省政务，掌握皇家安全事务，可随意召唤公卿大臣，致使朝野畏惧。

拓跋余即位数月后，宗爱利用拓跋余祭祀宗庙之机，派小黄门贾周等人在夜晚将其杀害。

拓（tuò）跋（bá）濬（jùn）

北魏文成帝

拓跋濬（440 年—465 年），北魏第五位皇帝（452 年—465 年在位）。

拓跋濬为拓跋焘之孙。正平二年（452 年）三月，中常侍宗爱弑杀北魏太武帝拓跋焘，拥立南安王拓跋余为帝。同年十月，宗爱弑杀拓跋余，陆丽等人拥立拓跋濬为帝。

拓跋濬即位后，很快诛杀权臣宗爱，平定了内乱。他注重民生，将土地分配给农民，提高农民生产积极性，促进经济发展；数次巡幸中原，整顿吏治；遣使与南朝互通友好。他恢复佛教，并始建云冈石窟，为后世留下宝贵的文化遗产。

465 年，拓跋濬在太华殿去世，年仅二十六岁。

知识拓展

云冈石窟：位于山西大同武州山（又名云冈），是中国著名的石窟。

《魏书》：二十四史之一，是北齐人魏收所撰的一部纪传体北魏史。《魏书》中记载了 4 世纪末至 6 世纪中叶北魏王朝的历史。

北魏献文帝 拓跋弘（tuò bá hóng）

拓跋弘（454 年—476 年），北魏第六位皇帝（465 年—471 年在位）。

和平六年（465 年），北魏文成帝去世，拓跋弘即位。

他在位期间，重视文化教育，推行一系列改革政策；禁止滥杀牲畜，重视农业生产，努力恢复和发展经济；屡次遣军南击刘宋，扩大了北魏的疆域。

皇兴三年（469 年），拓跋弘立长子拓跋宏（即后来的北魏孝文帝）为皇太子。

皇兴五年（471 年），拓跋弘欲将皇位禅让给叔父京兆王拓跋子推，遭到群臣的极力反对才作罢。后来，他传位给年仅五岁的拓跋宏，改元“延兴”，自称太上皇帝，仍掌军国大政。

延兴二年（472 年），拓跋弘亲率诸将在阴山以北大破柔然的进攻，逼其退至漠北。

承明元年（476 年），拓跋弘逝世，年仅二十三岁。

北魏孝文帝 元宏（yuán hóng）

元宏（467 年—499 年），北魏第七位皇帝（471 年—499 年在位）。

皇兴五年（471 年），拓跋宏即位，改年号为“延兴”。

由于拓跋宏年幼，拓跋弘去世后，由祖母冯太后临朝执政。

冯太后执政期间，先整顿吏治，颁布俸禄制度，规定官吏俸禄由政府统一筹集、分发，以消除官吏自筹俸禄时的敲诈勒索现象；发布均田令，规定凡十五岁以上的男女都可以向国家领取耕种的土地，男子可领取露田四十亩、桑田二十亩，女子可领取露田二十亩；推行三长制，以五家为一邻，五邻为一里，五里为一党，分别设置邻长、里长、党长，以加强基层行政组织。

太和十四年（490 年），拓跋宏正式亲政，进一步推行改革。

太和十八年（494 年），拓跋宏从平城迁都至洛阳，全面推行汉化改革：禁用鲜卑语，改说汉语；禁穿胡服，改穿汉服；改鲜卑姓氏为汉姓，拓跋宏本人改姓元；鼓励鲜卑贵族与汉族士族通婚，加强鲜卑贵族和汉族士族的联合统治。这些措施促进了鲜卑族与汉族的融合，对中国历史产生了重要影响。

知识拓展

拓跋宏为什么改姓“元”？

拓跋宏在太和年间进行了著名的汉化改革，其中一项重要举措就是改姓。他将一批鲜卑姓氏改为汉姓，这既是其汉化政策的具体体现，也是其加强北魏集权、促进鲜卑族与汉族融合的重要举措。

另外，据《资治通鉴》记载，拓跋宏改姓“元”也是基于对“土”这一自然元素的特殊理解。他认为，“土”是黄色的，是万物的开始，自己的祖先因为尊崇土德而成为王者，因此改姓“元”符合他的个人信仰。

北魏宣武帝 元恪（yuán kè）

元恪（483 年—515 年），北魏第八位皇帝（499—515 年在位）。

太和二十三年（499 年），孝文帝元宏驾崩后，元恪即位，由咸阳王元禧、尚书令王肃等人辅政。

景明二年（501 年），元恪正式亲政。

他基本遵循孝文帝厉行汉化的大政方针，修订、完善各项制度。他在位期间，在军事上继续与南朝齐、南朝梁相争，扩大了疆域。然而，执政后期，元恪委政于外戚，导致政治腐败，朝纲不振，北魏逐渐由盛转衰。

北魏孝明帝 元诩（yuán xǔ）

元诩（510 年—528 年），北魏第九位皇帝（515 年—528 年在位）。

延昌元年（512 年），元诩被父亲宣武帝元恪立为皇太子。

延昌四年（515 年），宣武帝去世，时年六岁的皇太子元诩即位，改年号为“熙平”。

因为元诩年幼，所以朝政由他的母亲胡太后把持。胡太后重用妹夫元叉、宦官刘腾等人，排挤诸王，并大修佛寺、石窟，导致国库空虚。

正光元年（520 年），胡太后与元叉、刘腾等发生权力斗争，元叉软禁胡太后，把持朝政。

正光六年（525 年），胡太后联合元雍等人诛杀元叉，再次临朝听政，重用郑俨、徐纥（hé）等人，与元诩的矛盾越来越尖锐。

武泰元年（528 年），元诩密召尔朱荣率兵入京，以胁迫胡太后。然而事情泄露，元诩被胡太后等人下毒害死，年仅十九岁。

知识拓展

北魏第十、十一位皇帝：因为孝明帝元诩的突然去世，胡太后先是将孝明帝幼女（史称元姑娘）伪称为皇子拥立为帝。后来，她又改立年仅三岁的元钊为帝，天下震惊，认定胡太后害死了孝明帝，尔朱荣遂带兵讨伐。在尔朱荣占领京师洛阳后，元钊及胡太后被俘。尔朱荣将幼主元钊和胡太后押送至洛阳郊外，并将他们沉入黄河淹死，史称“河阴之变”。而尔朱荣虽然成功掌控了朝政，但因其杀人太多，引起民愤，只能远据晋阳，对洛阳遥控指挥，等待时机篡位。最终他未能成功登基为帝。

北魏孝庄帝 元子攸

yuán zǐ yōu

元子攸（507 年—531 年），北魏第十二位皇帝（528 年—530 年在位）。

武泰元年（528 年），孝明帝元诩被胡太后毒害，权臣尔朱荣扶持元子攸即位为帝。元子攸在位期间，虽受到尔朱荣的打压，导致皇权旁落，但依然勤于政事，为冤死的大臣平反，为百姓审理冤案。

永安三年（530 年），尔朱荣把持朝政，被逼到走投无路的元子攸将其诱杀于明光殿。尔朱荣死后，他的侄子尔朱兆将元子攸俘虏后缢杀。

北魏长广王 元晔

yuán yè

元晔（？—532 年），北魏第十三位皇帝（530 年—531 年在位）。

永安三年（530 年），由于尔朱兆被孝庄帝元子攸所杀，元晔在尔朱世隆、尔朱兆的拥立下即位称帝，年号“建明”。然而，他实际上只是尔朱氏的傀儡皇帝。

建明二年（531 年），元晔被迫禅位于广陵王元恭（节闵帝），自己则被降为东海王。

北魏节闵帝 元（yuán）恭（gōng）

元恭（498 年—532 年），北魏第十四位皇帝（531 年—532 年在位）。

建明二年（531 年），元恭被尔朱世隆等拥立为帝，改元“普泰”。

元恭在位期间，军政大权完全落入尔朱兄弟之手。他试图通过任命忠诚于自己的官员来削弱权臣的势力，但这一举措引起了权臣的警觉和打压。

次年（532 年），高欢攻灭尔朱氏，元恭被鸩杀。

北魏后废帝 元（yuán）朗（lǎng）

元朗（513 年—532 年），北魏第十五位皇帝（531 年—532 年在位）。

高欢起兵反抗尔朱氏时，元朗被拥立为皇帝，年号“中兴”。在高欢消灭尔朱氏之后，元朗就被高欢废黜。

北魏孝武帝 元（yuán）脩（xiū）

元脩（510 年—535 年），北魏最后一位皇帝（532 年—534 年在位）。

中兴二年（532 年），大将军高欢拥立元脩登基为帝，年号“太昌”。

元脩的登基仪式采用鲜卑古制，显示了他对北魏传统的尊重。

元脩即位后，与权臣高欢之间存在着权力斗争。但是由于与高欢争权失败，元脩在永熙三年（534 年）弃国出逃，投奔了宇文泰。次年，被宇文泰所杀。

东魏 （534 年—550 年）

南北朝时期北朝的割据政权之一，是从北魏分裂出来的政权，共历一帝。

东魏孝静帝 元（yuán）善（shàn）见（jiàn）

元善见（524 年—552 年），东魏皇帝（534 年—550 年在位）。

永熙三年（534 年），北魏孝武帝元脩与大丞相高欢决裂后逃离洛阳，西奔长安。高欢拥立元善见为帝。同年十月，元善见在洛阳城东北即皇帝位，年仅十一岁。

由于年幼，元善见命权臣高欢辅政。高欢权倾朝野，令元善见如坐针毡。高欢死后，其子高澄承继父职辅政，权势更大。

武定七年（549 年），高澄遇刺身亡后，他的弟弟高洋趁机执掌朝政，并于武定八年（550 年），逼迫元善见禅位，东魏就此灭亡。

禅位后，元善见被封为中山王，后被高洋毒杀。

北齐 （550 年—577 年）

南北朝时期北朝的政权之一，由东魏权臣高欢次子高洋所建，共历六帝。因皇室姓高，故又称高齐。

北齐文宣帝 高洋（gāo yáng）

高洋（529 年—559 年），北齐第一位皇帝（550 年—559 年在位）。

武定八年（550 年），高洋逼迫东魏孝静帝禅位，登基称帝，改国号为“齐”，史称“北齐”。

受禅让即位后，高洋励精图治，厉行改革：劝农兴学；改定律令；重用人才，减少冗官，严禁贪污，肃清吏治；修筑北齐长城，设置边镇；屡次击败柔然、突厥等，出击南梁，拓地于淮南，使北齐达到鼎盛。但后期他却因纵欲酗酒和残暴滥杀导致朝政混乱，致使北齐国势渐衰。

北齐废帝 高(gāo)殷(yīn)

高殷（545 年—561 年），北齐第二位皇帝（559 年—560 年在位）。

天保十年（559 年），高洋去世，高殷即位，改年号为“乾明”。

他关心民生，减轻百姓的赋役负担；整顿吏治，推动北齐政治的稳定和经济的发展。但是他的改革触动了权臣的利益，特别是他的两位皇叔常山王高演和长广王高湛。于是，在乾明元年（560 年），高演发动政变，废高殷为济南王，将其囚禁于晋阳，并于皇建二年（561 年）派人将他杀害。

北齐孝昭帝 高(gāo)演(yǎn)

高演（535 年—561 年），北齐第三位皇帝（560 年—561 年在位）。

乾明元年（560 年），高演发动政变，废黜高殷，即位为帝。

他在位期间，关注民生，释放奴隶，大力屯田，广设粮仓，有效解决了北齐的粮食危机。

他还推崇儒学，为国家培养了大批优秀的人才，并主持修订了《北齐律》。

皇建二年（561 年），高演不小心坠马，重伤而亡。

知识拓展

《北齐律》：南北朝时北齐的主要法律。在法典体例、篇章结构、律文内容等方面均有创新，是三国两晋南北朝时期较成熟的一部法律，是隋、唐律的蓝本。

高湛（537 年—569 年），北齐第四位皇帝（561 年—565 年在位）。

皇建二年（561 年），孝昭帝高演在临死时决定传位于高湛，高湛接受遗诏即位，改元“太宁”。

高湛在位期间，关心百姓疾苦，颁行均田制。然而，他宠信奸小，肆意诛杀宗室及大臣，导致朝政日益混乱，国势日益衰败。

河清四年（565 年），高湛传位于太子高纬，自号太上皇。

天统五年（569 年），高湛驾崩。

高纬（556 年—578 年），北齐第五位皇帝（565 年—577 年在位）。

河清四年（565 年），高纬受禅即位，大赦天下，改元“天统”，尊父高湛为太上皇。

他在位期间，任用奸臣，横征暴敛，自毁长城，使北齐政治腐败，国力衰落。

承光元年（577 年），北周灭北齐，高纬带领幼主高恒等人准备投奔陈朝，途中被北周军队俘虏，而后被封为温国公。后来，高纬被诬谋反而被赐死。

北齐幼主

高恒（gāo héng）

高恒（570 年—578 年），北齐最后一位皇帝（577 年在位）。

隆化二年（577 年），高纬为推卸亡国之责，禅位于其子高恒，改元“承光”。

高恒即位后，实际上并未掌握实权，而是随同高纬逃往济州。随后，高恒又将皇位禅让给高湝，自称守国天王。不久，高恒、高纬等人逃到青州，在准备南下投奔陈朝的时候，被北周军队俘虏。

宣政元年（578 年），高恒被北周武帝宇文邕以企图谋反为名处死。

西魏（535 年—556 年）

南北朝时期北朝政权之一。元宝炬在以宇文泰为首的诸臣的支持下称帝，建都长安，国号“魏”，后世称之为“西魏”，与高欢所掌控的东魏和南朝梁对立。西魏共历三帝。

西魏文帝

元宝炬（yuán bǎo jù）

元宝炬（507 年—551 年），西魏开国皇帝（535 年—551 年在位）。

北魏孝武帝元脩遇害后，在宇文泰等人的拥立下，元宝炬于 535 年即位，改元“大统”，定都长安。但他其实只是名义上的皇帝，大权都掌握在宇文泰手中。他也因此被视为傀儡皇帝。大统十七年（551 年），他因病去世。

西魏废帝 元(yuán)钦(qīn)

元钦（525 年—554 年），西魏第二位皇帝（551 年—554 年在位）。

551 年，元钦正式即位，沿用“大统”年号。

元钦在位期间，宇文泰独揽朝政，元氏皇权名存实亡。

因为不愿做傀儡皇帝，元钦一直想要罢免宇文泰，但是屡屡失败。废帝三年（554 年），元钦被宇文泰废黜，不久被杀害。

西魏恭帝 元(yuán)廓(kuò)

元廓（537 年—557 年），西魏最后一位皇帝（554 年—556 年在位）。

宇文泰废黜元钦，拥立元廓为帝，还让他恢复了原姓拓跋氏。然后，宇文泰积极提升自己的声望和实力，派遣军队进攻南朝梁，并取得江陵之战的胜利，进一步巩固了其在西魏的统治地位。

恭帝三年（556 年），宇文泰因病去世，他的侄子宇文护于次年废黜了元廓，拥立宇文泰之子宇文觉为帝，建立了北周政权。而元廓被降封为宋国公，不久后被杀害。

北周 (557 年—581 年)

中国历史上的北朝政权之一，由西魏权臣宇文泰奠定国基，由宇文觉在宇文护的拥立下代西魏称帝而建，国号“周”，又称“后周”（五代以后较少使用，避免与郭威建立的周朝混淆）、“宇文周”，共历五帝。

宇文觉（542 年—557 年），北周第一位皇帝（557 年在位）。

宇文觉实际上是权臣宇文护拥立的傀儡。宇文觉称帝后想亲自执政，与宇文护发生冲突。宇文护设计诛杀了维护宇文觉的人后，逼迫他退位，将他幽禁，然后杀害。

宇(yǔ)文(wén)毓(yù)

北周明帝

宇文毓（534 年—560 年），北周第二位皇帝（557 年—560 年在位）。

557 年，宇文毓被宇文护迎立为天王。他在任内励精图治，崇尚节俭，澄清吏治，修撰典籍。他重视文化发展，曾召集八十余位名人校刊经史，编成《世谱》五百卷。

武成元年（559 年），宇文毓正式称帝。因不满宇文护的专权，他尝试收回权力。武成二年（560 年），宇文毓被宇文护杀害。

北周武帝

yǔ wén yōng
宇文邕

宇文邕（543 年—578 年），北周第三位皇帝（560 年—578 年在位）。

武成二年（560 年），宇文护拥立宇文邕为帝。宇文邕聪明有智谋，终于在建德元年（572 年）诛杀宇文护，独掌朝政。

他推行均田制，改革府兵制，将府兵指挥权收回，由皇帝掌握。他招募均田农民充当府兵，扩大兵源，充实军事力量。

建德六年（577 年），宇文邕率军一举攻陷北齐都城邺城，俘虏北齐后主父子，统一北方。

宣政元年（578 年）五月，宇文邕率军北伐突厥，后因病停止进军。六月，他病情加重，还军长安，当月就因病逝世了。

北周宣帝 宇（yǔ）文（wén）赟（yūn）

宇文赟（559 年—580 年），北周第四位皇帝（578 年—579 年在位）。

宣政元年（578 年），宇文邕去世，宇文赟即位，改元“大成”。

即位后，宇文赟沉迷酒色，滥施刑罚。

大象元年（579 年），宇文赟禅位于太子宇文阐，自称天元皇帝。

大象二年（580 年），宇文赟病逝。

北周静帝 宇（yǔ）文（wén）阐（chǎn）

宇文阐（573 年—581 年），北周最后一位皇帝（579 年—581 年在位）。

大成元年（579 年）正月，宇文阐被立为皇太子。二月，他接受宇文赟传位，改元“大象”。

大定元年（581 年），宇文阐被迫逊位于随国公杨坚，北周灭亡。宇文阐被降为介国公。

开皇元年（581 年），宇文阐为隋文帝杨坚所杀，年仅九岁。

隋朝 （581 年—618 年）

创建者杨坚，国号“隋”，亦称“杨隋”。

589 年，隋军灭陈，统一全国，结束了长期分裂的局面。隋朝开通了大运河，创立了科举制，对后世影响深远。

杨坚（541 年—604 年），隋朝第一位皇帝（581 年—604 年在位）。

杨坚在北周时承袭父爵，被封为随国公。

北周宣帝即位后，杨坚的威望日盛，被任命为上柱国、大司马。

北周大定元年（581 年），杨坚废北周静帝自立，建立隋朝，改元“开皇”，定都长安。

开皇七年（587 年），杨坚攻灭后梁。

开皇九年（589 年），他派晋王杨广攻灭南朝陈，统一全国，结束了分裂局面。

他在政治、经济、军事等方面进行了一系列的改革：确立三省六部制，改革地方行政机构，提高行政效率；废除九品官人法，以考试选拔人才，打破门阀世族的垄断；继续推行均田制，设置粮仓，促进农业生产。

杨坚在位期间，隋朝走向强盛，府库充盈，经济繁荣，人丁大增。然而，他在晚年纵容土地兼并，大修宫室，使社会矛盾加剧，为隋朝日后的动乱埋下了隐患。

隋炀帝 杨广（yáng guǎng）

杨广（569 年—618 年），隋朝第二位皇帝（604 年—618 年在位）。

隋文帝晚年，晋王杨广与太子杨勇之间的储位之争愈演愈烈。最终，杨广成功击败杨勇，成为太子。隋文帝去世后，杨广即位，改元“大业”。

杨广在位期间，在前人修的众多运河的基础上修建大运河。这一工程连接了海河、黄河、淮河、长江和钱塘江五大水系，成为促进南北经济文化交流的重要纽带。他创立进士科，确立科举取士制。他还征发大批劳动力，命他们营建东都洛阳。另外，他频繁发动战争，致使社会经济遭受严重破坏，民不聊生。他还重用奸臣，排斥忠良之士，加剧了朝廷内部的腐败和黑暗。这些因素共同导致了隋朝的灭亡。

公元 618 年，杨广在江都被宇文化及等人缢杀，隋朝灭亡。

隋恭帝 杨侑（yáng yòu）

杨侑（605 年—619 年），隋朝第三位皇帝（617 年—618 年在位）。

大业十三年（617 年），李渊在晋阳起兵，同年十一月，攻入长安。

李渊遥尊隋炀帝杨广为太上皇，拥立杨侑为皇帝。杨侑在大兴殿正式登基，改年号为“义宁”。然而，杨侑虽然名义上是皇帝，实际上不过是李渊扶立的傀儡。

义宁二年（618 年），隋炀帝死于江都。消息传来后，李渊见称帝时机已成熟，遂逼迫杨侑退位。

唐朝（618 年—907 年）

唐朝是中国历史上继隋朝后的大一统王朝，共历二十一帝。

唐朝国力强盛，经济繁荣，对外交往活跃，制度上也有很大的建树，是当时世界上最强盛的国家之一。唐朝在诗歌、书法、绘画、音乐等方面均取得了重要的成果，而且通过与各国的交流，其文化、艺术呈现出多元化、开放性的特点。

唐高祖 李渊（lǐ yuān）

李渊（566 年—635 年），唐朝第一位皇帝（618 年—626 年在位）。

义宁二年（618 年），得知隋炀帝被害后，李渊逼杨侑退位自立，建立唐朝，年号“武德”。

李渊称帝后，命其子李世民等统兵，击败西秦薛仁杲，击退刘武周和宋金刚，擒获夏王窦建德，迫降洛阳王世充，基本完成了统一全国的大业。

李渊在位期间，加强了政权建设，颁行了《武德律》等一系列律令，确立了唐朝的基本制度和政策。

他晚年时未能妥善处理皇位继承问题，致使他的儿子们相争，引发玄武门之变。

玄武门之变后，李渊册立李世民为太子，并很快传位于他。李世民尊李渊为太上皇。

贞观九年（635 年），李渊病逝于太安宫垂拱前殿，享年七十岁。

李世民（lǐ shì mín）

唐太宗

李世民（599年—649年），唐朝第二位皇帝（626年—649年在位）。

李世民是唐高祖李渊与窦皇后的第二个儿子，自幼聪明好学，能文善武，在年轻时就多次征战。

武德九年（626年），李世民发动玄武门之变，杀死太子李建成和齐王李元吉，夺得了皇位继承权。不久，李渊退位，李世民即位为帝，是为唐太宗。

他在位期间，推行了一系列政治改革，加强中央集权和地方行政管理，重视法治，稳定了唐朝的政治局势。

他虚心纳谏，广招贤才，劝课农桑，节约用度，使百姓安居乐业，社会繁荣稳定。这一时期被称为“贞观之治”，是唐朝的鼎盛时期。

李世民在政治、军事、文化和外交等方面都有着卓越的才能和贡献。他对外开疆拓土，击败东突厥，后相继平定吐谷浑、高昌，设立安西都护府，实行和亲政策，使唐朝与各民族融洽相处，为唐朝后来的盛世局面奠定了重要基础。

lǐ zhì 李治

唐高宗

李治（628 年—683 年），唐朝第三位皇帝（649 年—683 年在位）。

李治是唐太宗李世民的第九子，母亲是文德顺圣长孙皇后。

贞观十七年（643 年），李治被立为太子。

贞观二十三年（649 年），唐太宗李世民驾崩后，李治即位，是为唐高宗。

李治即位之初，由长孙无忌与褚遂良辅政。他尊重并听取二人的建议，发展经济，提倡文教，使得“百姓阜安，有贞观之遗风”。当时政治稳定，经济发展，史称“永徽之治”。

永徽六年（655 年），李治废黜王皇后，改立武昭仪为皇后。这一决定为后来武则天掌权埋下了伏笔。

显庆二年（657 年），李治建都洛阳，称“东都”，实行两京制。显庆五年（660 年），李治常常头晕目眩，难以理政，开始让武皇后参政。自此，大权旁落，武后权势日盛。

李治在位期间，唐朝先后灭西突厥、百济、高句丽，使版图不断扩大。

唐中宗 李(lǐ)显(xiǎn)

李显（656 年—710 年），唐朝第四位皇帝（683 年—684 年、705 年—710 年在位）。

李显原名李哲，是唐高宗李治的第七子，武则天的第三子。

弘道元年（683 年），唐高宗李治病死后，李显即皇帝位，但政事皆由皇太后武则天决定。嗣圣元年（684 年），李显被武则天废为庐陵王，流放至均州、房州等地。这期间，李显与妃子韦氏相依为命。

圣历元年（698 年），李显被召回洛阳复立为皇太子。

神龙元年（705 年），李显在通天宫复位，重新成为皇帝。

第二次成为皇帝以后，李显减免租赋，促进农业发展；设十道巡察使，加强对地方的监督；加强与吐蕃的经济、文化交往，实行和亲政策，把金城公主嫁给吐蕃赞普尺带珠丹，保证了边疆地区的稳定。但他纵容皇后韦氏、女儿安乐公主弄权专国，宠信武三思，任其陷害忠臣，导致朝政混乱。景龙四年（710 年），李显被韦皇后和安乐公主毒死。

唐睿宗

李旦

lǐ dàn

李旦（662 年—716 年），唐朝第五位皇帝（684 年—690 年、710 年—712 年在位）。

李旦曾名李旭轮、李轮，是唐高宗李治第八子、武则天第四子。

嗣圣元年（684 年），武则天废中宗李显为庐陵王，改立李旦为皇帝，并临朝称制，裁决一切政事。

690 年，武则天称帝，改国号为“周”，废李旦为皇嗣。

圣历元年（698 年），李显恢复太子之位，李旦被降为相王。

神龙元年（705 年），中宗复位，封李旦为安国相王。

景龙四年（710 年），中宗去世后，韦皇后专权。李旦之子李隆基联合太平公主等人发动政变，诛杀了韦皇后和安乐公主，并彻底剿灭了韦氏集团，拥立李旦为帝。

延和元年（712 年），李旦传位于皇太子李隆基，自称太上皇。

开元四年（716 年），李旦去世。他一生两度登基，在位期间，整修纲纪，裁减冗官，使朝政呈现出一派振兴气象。

唐少帝 李（lǐ）重（chóng）茂（mào）

李重茂（695 年—714 年），唐朝第六位皇帝（710 年在位）。

景龙四年（710 年），唐中宗李显被韦皇后与安乐公主合谋毒杀。韦皇后为了掌握朝政大权，选择让李重茂作傀儡皇帝，自己则临朝称制，改年号为“唐隆”。

后来，韦皇后想要效仿武则天称帝，这一行为引起了朝野的不满。临淄王李隆基与太平公主等人联手发动政变，诛杀了韦皇后及其党羽。政变后，李重茂下诏将皇位传给自己的叔叔李旦。他自己则先是被降封为温王，后又被改封为襄王。开元二年（714 年），李重茂在房州去世。

wǔ 武 zhào 曌

武曌（624年—705年），武周皇帝（690年—705年在位）。

武曌中国历史上唯一的女皇帝，一般被称为武则天，并州文水人。

她十四岁入宫为唐太宗才人，太宗死后入感业寺为尼。

唐高宗即位后，她被召回宫中封为昭仪。

永徽六年（655年），她被立为皇后。

上元元年（674年），武则天加号“天后”，与高宗并称为“二圣”。

由于唐高宗患病，无力听政，武则天于显庆五年（660年）开始临朝，史载“自此内辅国政数十年，威势与帝无异”。

载初元年（690年），武则天称帝，加尊号“圣神皇帝”，改国号为“周”，史称“武周”。

她在位期间，大力发展科举制度，创立殿试制度，扩大了统治基础。她推行开垦荒地、轻徭薄赋、兴修水利等政策，使唐朝的经济迅速发展，成为当时世界上最强大的国家之一。

她在位期间，边疆得到巩固和开拓。

她还推崇佛教文化，下令建造大佛寺，雕刻千手观音石像等。

她重视史书编撰和文艺创作，让诗歌、音乐、舞蹈等艺术形式得到了极大的发展。

她本人文学造诣也非常高，著有《垂拱集》《金轮集》等作品。

武则天在政治、经济、文化、军事等方面都做出了显著的贡献，为唐朝的繁荣起了承前启后的作用。但她晚年任用酷吏，贬逐老臣，豪奢专断，渐生弊政。

她晚年面临的最大问题之一是继承人的选择。选武家人还是李家人？到最后，她还是逐渐接受了“归还李唐”的建议。

神龙元年（705年），张柬之等发动政变，拥立中宗复辟，迫使病重的武则天退位。武则天退位后，中宗为她上尊号“则天大圣皇帝”，而武则天的遗命却是自愿去除帝号。故谥“则天大圣皇后”，以皇后身份与唐高宗李治合葬乾陵。

知识拓展

曌：义同“照”，取日月凌空之意，是武则天自己创造的汉字。

李隆基（685 年—762 年），唐朝第七位皇帝（712 年—756 年在位）。

李隆基初封楚王，后改封临淄王。唐隆元年（710 年），他与太平公主合力发动政变，消灭韦后集团。而后，在与太平公主的斗争中获取胜利，取得唐朝的最高统治权。

他在位前期，任用姚崇、宋璟等贤相，励精图治，开创了唐朝的“开元盛世”。

他推行募兵制，将士兵从农民中分离出来，形成了专门的常备军；命节度使统一指挥边疆的军队；加强军队训练，提升士兵的战斗技能，改善军队的武器装备，增强了军队的整体战斗力；重视对边疆地区的管辖，促进了统一多民族国家的发展。

他重视人才选拔，兴办学校，命人搜集整理了许多图书，使唐朝的文化事业迈向顶峰。他本人精通音律，在唐代乐舞的推广及音乐发展等方面也做出了巨大贡献。

但是，李隆基在位后期逐渐怠于朝政，重用宦官，宠信李林甫、杨国忠等人，导致政治腐败。加上中央武备空虚，北方各镇节度使拥兵自重，导致爆发了长达八年的安史之乱，使唐朝由盛转衰。

唐肃宗 李亨（lǐ hēng）

李亨（711 年—762 年），唐朝第八位皇帝（756 年—762 年在位）。

李亨曾名嗣昇、浚、玙、绍，是唐玄宗李隆基的第三子。

开元二十六年（738 年），李亨被立为皇太子。

天宝十四载（755 年），安史之乱爆发，唐玄宗率少数皇亲国戚逃离长安，逃往蜀中，皇太子李亨则带领部分军队北上，在灵武即皇帝位。他是唐朝第一个在京师以外登基后再进入长安的皇帝。

在位期间，李亨致力于平定安史之乱，于至德二年（757 年）先后收复了长安和洛阳两京。李亨入长安后，派人自蜀中迎回玄宗。

他在平叛过程当中，一直尝试解决天宝以来政治、经济体制运作中的各种弊端，在政治、经济、文化、外交等各个方面都做出了一些贡献。但是，在统治后期，他过度依赖李辅国等宦官，纵容张皇后干政，加剧了朝廷的腐败和动荡。

宝应元年（762 年），李亨患病，不能上朝。同年，唐玄宗驾崩，李亨病情加重。张皇后欲发动政变废太子，被幽禁，李亨因受到惊吓而病情加重，崩逝。

唐代宗 李豫（lǐ yù）

李豫（727 年—779 年），唐朝第九位皇帝（762 年—779 年在位）。

李豫本名俶（chù），是唐肃宗李亨的长子，母为章敬皇后吴氏。

李亨在灵武称帝后，李豫被拜为天下兵马元帅。

李豫作为唐军统帅，统领郭子仪等将领先后收复长安、洛阳，并且在宝应元年（762 年）即位后，命自己的儿子李适为天下兵马元帅，以追讨叛军。最终，他收复洛阳等地，彻底平定了安史之乱。

宝应元年（762 年），唐肃宗李亨病重。张皇后想要废黜李豫，以实现她掌控大权的野心，但她的图谋被宦官李辅国知晓。李辅国立即带兵入宫逮捕张皇后，拥立李豫为帝。张皇后在唐代宗李豫即位之后被幽闭而死。

李辅国因拥戴之功更加嚣张跋扈，但不久后就被李豫架空兵权，最终被刺客暗杀。

李豫为唐朝的稳定和延续做出了重要贡献。他通过诛杀权宦、任用贤能，有效地整顿了朝政，提高了行政效率。他还下令整顿漕运、盐政等，促进了社会经济的发展。

唐德宗 李适（lǐ kuò）

李适（742 年—805 年），唐朝第十位皇帝（779 年—805 年在位）。

李适出生于长安大内的东宫中，成长于危机隐伏的天宝年间。

天宝十四载（755 年），安史之乱爆发，长安失守，李适和其他皇室成员一同经历战乱。

大历十四年（779 年），李适即位，成为唐朝皇帝。

他即位后，废除租庸调，实行两税法，使当时的唐朝呈现出一番中兴气象。不过，在建中二年（781 年），他贸然发动削藩战争，因为条件不成熟，反而引发了四镇之乱与泾原兵变。他被迫出逃，逃往奉天，最后依靠宰相李泌（bì）及大将李晟（shèng）等人协力平乱。

在统治后期，他委任宦官为禁军统帅，开始对藩镇多事姑息。他在位期间，唐朝面临着严重的内外交困、经济衰退、社会矛盾加剧等问题。

唐顺宗 李诵（lǐ sòng）

李诵（761 年—806 年），唐朝第十一位皇帝（805 年在位）。

建中元年（780 年），李诵被立为皇太子。

他在做太子期间，亲身经历了藩镇叛乱的混乱和烽火，目睹了朝廷大臣的倾轧与攻讦。在泾原兵变中，李诵身先士卒，作战勇猛，取得了奉天保卫战的胜利，确保了出逃的唐德宗李适的安全。

贞元二十一年（805 年）正月，唐德宗逝世，李诵即皇帝位。

即位后，他立即重用王叔文等人推行改革，打击宦官，革除政治积弊，引起一些守旧大臣与宦官的联手反抗。同年八月，宦官俱文珍等人勾结剑南西川节度使韦皋，逼迫李诵退位，让他禅位给太子李纯。李诵的改革以失败告终，被学界称为“永贞革新”。

唐宪宗 李(lǐ)纯(chún)

李纯（778 年—820 年），唐朝第十二位皇帝（805 年—820 年在位）。

贞元二十一年（805 年）四月，李纯被立为皇太子。同年八月，他的父亲李诵被迫禅位给他。李诵则被尊为太上皇。

即位后，李纯决心“以法度裁制藩镇”，对割据的藩镇发起了一系列战争，削弱了一些藩镇的势力。

他重用贤才，重视教育，还采取措施减轻人民的赋税负担，减轻财政开支，进一步增强了国家的经济实力，史称“元和中兴”。

可惜，在元和十五年（820 年），李纯被宦官陈弘志所杀。

唐穆宗 李(lǐ)恒(héng)

李恒（795 年—824 年），唐朝第十三位皇帝（820 年—824 年在位）。

李恒是唐宪宗李纯第三子。元和七年（812 年），其异母长兄惠昭太子李宁去世，唐宪宗立李宥（yòu）为皇太子，并将其名改为恒。

元和十五年（820 年），李恒即皇帝位。

他在位期间，用和亲、会盟等手段维持了边疆的安定，促进了唐朝与周边民族的交流。同时，他推行减少士兵的策略，希望以此减少财政开支，但此举导致被裁撤的士兵无以为生，啸聚山林，加剧了社会动荡。他在位期间，被迫承认叛镇自立，使元和时期削藩的成果付诸东流。

他纵情享乐，大肆营造宫殿。长庆四年（824 年），李恒因服食金丹而逝世。

李（lǐ）湛（zhàn） 唐敬宗

李湛（809 年—826 年），唐朝第十四位皇帝（824 年—826 年在位）。

长庆二年（822 年），李湛被立为皇太子。

长庆四年（824 年），唐穆宗李恒驾崩，李湛即位。

李湛在位期间，并未将国家大事放在心上，而是沉迷于蹴鞠（cù jū）和打夜狐（夜间猎狐狸）等娱乐活动，常常荒废朝政。他对大臣的劝谏置若罔闻，甚至一个月也难得上朝几次。李湛的顽劣和不理政事，导致朝政大权逐渐为宦官所掌握。宝历二年（826 年），李湛被宦官刘克明等人杀害。

李（lǐ）昂（áng） 唐文宗

李昂（809 年—840 年），唐朝第十五位皇帝（826 年—840 年在位）。

宝历二年（826 年），李昂在宦官的支持下被拥立为皇帝。

他即位后，勤政爱民，厉行节俭，曾经释放奴婢，裁减宫廷冗员，减轻朝廷负担。

他不满宦官专权，于是，在太和九年（835 年）发动了“甘露之变”，企图一举铲除宦官势力，但事败，自己也被软禁。开成五年（840 年），李昂在宦官专权的阴影中抑郁而终。

唐武宗 李(lǐ)炎(yán)

李炎（814 年—846 年），唐朝第十六位皇帝（840 年—846 年在位）。

李炎是唐穆宗李恒的第五子，唐文宗李昂的弟弟。

开成五年（840 年），唐文宗李昂病重，李炎被立为皇太弟，后李昂驾崩，李炎即皇帝位。

他即位后，贬逐牛党官员，以李德裕为宰相。他采纳李德裕的建议，大力削弱宦官势力，就连拥立他的宦官也被迫辞去官职。

会昌三年（843 年），李炎下令平定刘稹（zhěn）叛乱，实现了唐朝干涉地方藩镇割据的一次胜利。

会昌五年（845 年），他下令拆毁全国佛寺，没收大量良田和寺院财产，对佛教文化的发展造成了沉重的打击。

他知人善任，也非常有胆识，但是晚年因服用方士所炼的金丹而经常生病，于会昌六年（846 年）去世。

唐宣宗 李(lǐ)忱(chén)

李忱（810 年—859 年），唐朝第十七位皇帝（846 年—859 年在位）。

李忱是唐宪宗李纯的第十三子，唐穆宗李恒的弟弟。

会昌六年（846 年），唐武宗李炎驾崩，李忱被宦官马元贽等人拥立为皇太叔，并登基为帝。

他即位后，贬逐李德裕，重用牛党官员。他在位期间，唐朝的政治、经济出现了短暂的好转，百姓的生活也有所改善。

他勤于政事，从谏如流，使唐朝后期出现了短暂的安稳局面。所以直至唐朝灭亡，百姓仍思咏不已，称他为“小太宗”，而很多史学家也把他统治的时期称为“大中之治”。

唐懿宗 李(lǐ)漼(cuǐ)

李漼（833 年—873 年），唐朝第十八位皇帝（859 年—873 年在位）。

大中十三年（859 年），唐宣宗李忱病危，宦官王宗实等人拥立李漼为皇太子。后李漼即位，改元“咸通”。

李漼在位期间，怠于政事，不肯纳谏；宠信宦官，使朝内贿赂盛行，朝政日坏。他在位期间频繁更换宰相，加速了朝廷的腐败，致使唐朝进一步衰落。另外，他还喜好游乐，每次出行，扈从多达数万，耗费大量钱财。

唐僖宗 李(lǐ)儇(xuān)

李儇（862 年—888 年），唐朝第十九位皇帝（873 年—888 年在位）。

咸通十四年（873 年），唐懿宗病重，李俨在宦官的拥戴下被立为皇太子，并改名为儇。同年，唐懿宗驾崩，李儇在灵前即位，时年十二岁，成为唐朝历史上即位时年龄最小的皇帝。

李儇的父亲喜好游乐，李儇受其影响，热衷游乐，擅长马球。又因他年幼，不懂政事，政权实际掌握在宦官田令孜手中。乾符元年（874 年），黄巢起义爆发，长安失守，李儇逃亡至蜀地。后虽然起义被平定，他成功返回长安，但此时唐朝的国力已经大不如前。

光启年间，唐朝经历了不少内乱和外患，李儇的身体每况愈下，唐朝国力也逐渐衰落。其间节度使割据现象日益严重，唐朝至此分裂，为后来的战乱埋下了伏笔。

唐昭宗 李晔（lǐ yè）

李晔（867年—904年），唐朝第二十位皇帝（888年—904年在位）。

李晔是唐懿宗李漼第七子。

文德元年（888年），唐僖宗李儇因急病驾崩，因为他的儿子都还年幼，所以李晔被立为皇太弟。

李晔在位期间，试图通过励精图治和平定叛乱来巩固唐朝的统治。他发动战争，消灭田令孜等势力，对维护朝廷的权威起到了一定的作用。然而，唐朝此时早已积弱难返，朝廷有效兵力不足，无力削弱一些节度使的势力，唐朝的灭亡也就此埋下了祸根。

唐哀帝 李柷（lǐ chù）

李柷（892年—908年），唐朝最后一位皇帝（904年—907年在位）。

天祐元年（904年），唐昭宗李晔被朱温所杀，随后李祚在朱温的扶持下即位，并更名李柷。李柷在位期间，所有政事都由朱温掌控。

天祐四年（907年），朱温逼迫李柷禅位于他，唐朝至此灭亡。

禅位后，李柷被降封为济阴王，迁往曹州。

天祐五年（908年），朱温为稳固其地位，将李柷鸩杀。

五代十国

五代十国是中国历史上的一段大分裂时期。

五代十国是五代（907 年—960 年）与十国（902 年—979 年）的合称。

五代 （907 年—960 年）

五代是中国历史上的一个重要阶段，是唐朝结束至宋朝建立之间的过渡时期。

知识拓展

五代十国究竟是哪五代和哪十国？

五代

后梁

建立于907年，由朱温建立，都城设在开封。

后唐

建立于923年，由李存勖（xù）建立，定都洛阳。

后晋

建立于936年，由石敬瑭（táng）建立，都城设在开封。

后汉

建立于947年，由刘知远建立，都城设在开封。

后周

建立于951年，由郭威建立，都城设在开封。

十国

十国是与五代几乎同时存在的十个相对较小的割据政权。

吴（也称杨吴）
由杨行密建立，都城设在江都。

前蜀
由王建建立，都城设在成都。

楚（也称马楚）
由马殷建立，都城设在长沙。

吴越
由钱镠建立，都城设在杭州。

闽
由王审知建立，都城设在长乐。

南汉
由刘龑建立，都城设在广州。

南平（也称荆南）
由高季兴建立，都城设在荆州。

后蜀
由孟知祥建立，都城设在成都。

南唐
由李昪（biàn）建立，都城设在金陵。

北汉
由刘旻建立，都城设在太原。

后梁 (907 年—923 年)

五代的第一个朝代。

唐天祐四年（907 年）四月，朱温受唐哀帝李柷禅让，称帝建国，国号“梁”，史称“后梁”，唐朝正式灭亡。后梁先定都开封，后迁都洛阳。

后梁太祖 朱温（zhū wēn）

朱温（852 年—912 年），后梁第一位皇帝（907 年—912 年在位）。

朱温早年参与黄巢起义，后脱离黄巢大齐政权而归降唐朝，成为唐末割据势力中的一支。他逐渐扩大势力，占据今河南大部分地区，成为唐末中原地区强大的势力。

天祐元年（904 年），朱温将唐昭宗李晔挟至洛阳，后将其杀害，拥立唐哀帝李柷即位；天祐四年（907 年），逼迫李柷禅位于他；建立梁朝，改元“开平”，定都开封，史称“后梁”。

朱温称帝结束了唐朝的统治，标志着五代十国的开始。

他重视农业发展，奖励农耕，加强中央集权，使后梁成为当时中国最强大的势力之一。

朱(zhū)友(yǒu)珪(guī)

朱友珪（？—913 年），后梁第二位皇帝（912 年—913 年在位）。

乾化二年（912 年），朱友珪杀害朱温，自立为帝。

然而，他弑父篡位的行为引起朝野上下的不满，朱温的其他儿子如朱友瑱、外甥袁象先等纷纷起兵讨伐。

乾化三年（913 年），袁象先率兵入宫，朱友珪被其杀死。

朱(zhū)友(yǒu)瑱(zhèn)

后梁末帝

朱友瑱（888 年—923 年），后梁最后一位皇帝（913 年—923 年在位）。

乾化三年（913 年），朱友瑱与袁象先起兵讨伐朱友珪。朱友珪死后，朱友瑱称帝。

他登基以后，任用贪官，打击异己，使朝政混乱，导致后梁在梁晋争霸战争中胜少败多，接连丧失国土，国势日衰。

最终，在龙德三年（923 年），李存勖率军对后梁发动总攻，军队逼进京城。朱友瑱命令自己的亲信将自己杀死，自此后梁灭亡。

后唐 (923 年—936 年)

由沙陀部人李存勖建立的封建王朝，定都洛阳，共历四帝。

后唐庄宗 李(lǐ)存(cún)勖(xù)

李存勖（885 年—926 年），后唐第一位皇帝（923 年—926 年在位）。

后梁开平二年（908 年），李克用去世，李存勖即晋王之位。他随后在潞州大败后梁，为后唐的建立奠定了基础。

后梁龙德三年（923 年），李存勖在魏州登基称帝，改元“同光”，追认唐高祖李渊为祖先，沿用“唐”国号，史称“后唐”。

同年，他灭掉后梁，建都洛阳。

李存勖灭掉后梁以后，开始纵情享乐，怠于政务，导致朝政腐败，民间怨声载道。后李存勖死于同光四年（926 年）。

后唐明宗 李嗣源

lǐ sì yuán

李嗣源（866 年或 867 年—933 年），后唐第二位皇帝（926 年—933 年在位）。

李嗣源本名邈佶烈，改名嗣源，称帝后改名亶，是河东节度使李克用的养子。

他曾协助李存勖建立后唐，并因卓越的战功和威望成了后唐的实权人物，也因此引起李存勖的猜忌。同光四年（926 年），李存勖被杀，李嗣源趁机入洛阳，结束了李存勖的统治，自己即位为帝。

李嗣源即位后，注重整顿吏治，打击腐败，选贤任能，实行宽松的经济政策，减轻民众赋税，促进农业生产，使中原经济逐渐恢复发展。

他准许乡间百姓自造酒曲，放宽对铸铁业等民间手工业的限制，允许百姓自由铸造铁质农具，促进了经济的发展。同时，李嗣源重视文化教育事业，提倡儒家学术，为文化的繁荣做出了贡献。

长兴四年（933 年），李嗣源病重。由于他晚年刻薄多疑，随意诛戮大臣，使得朝政混乱、群臣离心。他的次子秦王李从荣此时发动兵变，战败被杀。李嗣源得知这件事以后因惊惧而逝世。

后唐闵帝

lǐ cóng hòu
李从厚

李从厚（914 年—934 年），后唐第三位皇帝（933 年—934 年在位）。

长兴四年（933 年），李从厚被召回洛阳。李嗣源死后，李从厚即位。

由于他性格优柔寡断，无识人之明，且处理政务时犹豫不决，朝廷内部出现混乱。

应顺元年（934 年），李嗣源养子李从珂起兵叛乱，攻至洛阳称帝，废李从厚为鄂王。

李从厚逃至卫州，不久后身亡。

后唐末帝 李（lǐ）从（cóng）珂（kē）

李从珂（885 年—936 年），后唐第四位皇帝（934 年—936 年在位）。

应顺元年（934 年），后唐闵帝李从厚即位后，对李从珂多有猜忌。李从珂以“清君侧”为名举兵反叛，攻入洛阳，即位称帝，改元“清泰”。

李从珂在位期间，面临诸多内忧外患。他调石敬瑭为天平节度使，意图削其兵权，但石敬瑭拒不从命，起兵反叛。

为对付后唐军队，石敬瑭向契丹割地称臣，获得契丹军队的支援，最终击败了后唐军队。

清泰三年（936 年），面对强兵，李从珂麾下诸将纷纷投降。李从珂无奈之下，登玄武楼自焚而死，后唐随之灭亡。

后晋 （936 年—947 年）

五代第三个朝代，从后唐清泰三年（936 年）石敬瑭受契丹册封为帝，到契丹于后晋开运四年（946 年）灭后晋，一共经历了两位皇帝。后晋初定都洛阳，后迁都开封。

后晋高祖 石（shí）敬（jìng）瑭（táng）

石敬瑭（892 年—942 年），后晋第一位皇帝（936 年—942 年在位）。

石敬瑭作为后唐明宗李嗣源的女婿，曾协助李嗣源登基为帝。

后唐末帝李从珂即位后，石敬瑭被任命为河东节度使，但双方互相猜忌。

清泰三年（936 年），石敬瑭起兵造反，以割让幽蓟十六州，并且甘做“儿皇帝”等条件，获得契丹的援助。随后，石敬瑭灭后唐，受封为帝，定都洛阳（后迁都开封），国号为“晋”。

他在位期间，连年发生兵乱，社会动荡不安。他谄事契丹贵族，每年向契丹进贡大量财物。

天福七年（942 年），安重荣联络吐谷浑等指责石敬瑭谄事契丹，举兵反，契丹主因此责问石敬瑭，石敬瑭于是忧惧成疾而死。

后晋出帝 石（shí）重（zhòng）贵（guì）

石重贵（914 年—974 年），后晋最后一位皇帝（942 年—947 年在位）。

天福七年（942 年），石敬瑭去世，石重贵在柩前即位。

即位后，他拒绝继续向契丹称臣，而是仅称孙。这一决定激化了后晋与契丹的矛盾。947 年，契丹军队长驱直入，占领后晋都城，石重贵出降，后晋灭亡。

随后，他被流放，最终于辽保宁六年（974 年）病死。

后汉 （947 年—950 年）

五代的第四个朝代，由刘知远建立，都城在开封，共历二帝。

后汉高祖 刘知远（liú zhī yuǎn）

刘知远（895 年—948 年），后汉第一位皇帝（947 年—948 年在位）。

刘知远，沙陀部人，曾是石敬瑭的开国功臣。

契丹灭后晋时，他并未出兵抵御契丹，反而向辽太宗耶律德光奉表，表示臣服。在看清契丹无法稳定中原局势的情况下，他于开运四年（947 年）称帝，建立后汉，随后稳定中原各个藩镇的军心。

后来，因为长子的去世，刘知远悲痛万分以致重病不起，于乾祐元年（948 年）去世。

后汉隐帝

刘承祐

liú chéng yòu

刘承祐（931 年—950 年），后汉最后一位皇帝（948 年—950 年在位）。

刘知远的长子刘承训本为皇位继承人，但他由于早逝而没有继承帝位。刘知远死后，其子刘承祐在宰相苏逢吉等人的拥戴下，于乾祐元年（948 年）即位。

他即位后，猜忌并诛杀权臣，引发了重臣郭威的叛乱。

乾祐三年（950 年），郭威率军攻入京城，刘承祐在逃亡途中被杀，后汉随之灭亡。

后周 (951年—960年)

五代时期中原最后一个朝代，定都开封，共历三帝。

郭威（904年—954年），后周第一位皇帝（951年—954年在位）。

乾祐三年（950年），后汉隐帝刘承祐猜忌郭威，欲除之而后快。郭威发动兵变，攻破京城，推翻后汉，建立后周，成为后周的开国皇帝。

在位期间，郭威崇尚节俭，虚心纳谏，改革弊政，促进了北方地区政治经济形势的好转。

柴荣（921 年—959 年），后周第二位皇帝（954 年—959 年在位）。

显德元年（954 年），郭威因病去世，他的养子柴荣即位。

柴荣在位期间，致力于整顿朝纲，革除弊政，均定赋税，加强军队建设，并亲自率军南征北战，先后击败了后蜀、南唐等割据政权，为后周的政治、经济等方面的发展奠定了坚实的基础。

柴宗训（953 年—973 年），后周最后一位皇帝（959 年—960 年在位）。

显德六年（959 年），柴荣去世，年幼的柴宗训即位。由于柴宗训年幼，由符太后垂帘听政，宰相范质、王溥等主持军国大事。

显德七年（960 年），赵匡胤在陈桥驿发动兵变，即帝位，柴宗训被迫禅位给赵匡胤，被降封为郑王，后周灭亡。

宋 （960 年—1279 年）

宋朝是中国历史上承五代十国下启元朝的朝代。其中，北宋（960 年—1127 年）和南宋（1127 年—1279 年）共历十八帝。南宋灭亡后，端宗、帝昺（bǐng）建立流亡政权，至 1279 年亦为元所灭。

北宋 （960 年—1127 年）

中国历史上的朝代，传九位皇帝。北宋与南宋又称“两宋”。北宋时期的对外关系在唐朝的基础上进一步发展：在东亚，同朝鲜和日本关系密切；在东南亚，同越南和印度尼西亚也加强了联系；同时还影响到西亚和非洲。

宋太祖 赵（zhào）匡（kuāng）胤（yìn）

赵匡胤（927 年—976 年），北宋第一位皇帝（960—976 年在位）。

显德六年（959 年），周世宗柴荣驾崩，年幼的周恭帝柴宗训即位。

殿前都点检赵匡胤与禁军高级将领石守信、王审琦等掌握了军权。

显德七年（960 年）正月初一，传闻辽联合北汉南下攻周，宰相范质等未辨真伪，急遣赵匡胤统率诸军北上御敌。周军行至陈桥驿，发动兵变。众将以黄袍加在赵匡胤身上，拥立他为皇帝。随后，赵匡胤率军回师开封，京城守将石守信、王审琦开城迎接赵匡胤入城，胁迫周恭帝禅位。赵匡胤代周称帝，建立宋朝，史称“北宋”。

赵匡胤即位后，通过南征北战，先后攻灭荆南、武平、后蜀、南汉、南唐诸国。

他通过改革官制，削弱地方官员的权力，削弱节度使实权，加强中央集权；解除了禁军将领的兵权，将禁军的统领权一分为三，让他

们直接对皇帝负责；设立枢密使、三司使等，分割宰相的权力，使宋朝朝廷的决策更加科学、严谨。

他完善科举制度，提高科举取士的透明度，为北宋政府选拔了大量的人才；推行“重文轻武”政策，在一定程度上促进了宋代文化的发展。

宋太宗 赵(zhào)光(guāng)义(yì)

赵光义（939 年—997 年），北宋第二位皇帝（976 年—997 年在位）。

赵光义是宋太祖赵匡胤之弟，本名匡义，宋朝开国后因避其兄赵匡胤名讳而改名“光义”，即位后又改名“炅”。

开宝九年（976 年），赵匡胤突然驾崩，赵光义匆忙登位，成为宋朝的第二位皇帝。

即位后，他继续推进其兄赵匡胤未竟的统一事业，陆续击破割据政权。

他进一步加强了中央集权，又扩大科举取士的规模，加强“重文”风气，推动了宋朝文化的繁荣。

他还鼓励献书，搜求书籍，命文臣编纂了《太平御览》等书籍，对中国古代文化的保存与传承做出了巨大贡献。

知识拓展

《太平御览》：宋代著名的类书，由李昉、李穆等学者奉宋太宗之命编纂。该书始辑于北宋太平兴国二年（977 年），成书于太平兴国八年（983 年），保存了大量文献资料。

宋真宗 赵（zhào）恒（héng）

赵恒（968 年—1022 年），北宋第三位皇帝（997 年—1022 年在位）。

赵恒是宋太宗赵光义的第三子，本名德昌，改名元休、元侃，被立为皇太子后改名恒。

至道三年（997 年），宋太宗赵光义驾崩，赵恒即位为帝。

即位之初，他任用贤臣，勤于政事，促成了“咸平之治”，使宋朝的社会经济有所发展。

景德元年（1004 年），赵恒御驾亲征，败辽军于澶渊，最后与辽订立澶渊之盟，实现两国之间的和平。

赵恒在位时期，宋朝的政治制度日趋完备。例如，“路”作为一级行政单位正式确立，宗室受到更严格的管理，科举制、官员荐举制、官员俸禄制都得到调整与完善。

他喜好文学，有《御制集》传世。他的字清新、俊逸、自然，“甚得晋人风度”。

赵恒在位后期，开始沉溺于“东封西祀”之中，即频繁进行封禅大典，以彰显自己的神圣地位。这种行为不仅耗费了大量的人力、财力和物力，也导致社会矛盾逐渐加深。

宋仁宗 赵祯

zhào zhēn

赵祯（1010 年—1063 年），北宋第四位皇帝（1022 年—1063 年在位）。

赵祯初名受益，后改名祯，是宋真宗赵恒的第六子。

天禧二年（1018 年），他被册封为皇太子。

乾兴元年（1022 年），赵恒逝世，赵祯即皇帝位，由皇太后刘氏听政。直至明道二年（1033 年），赵祯才开始亲政。

他在位中期，爆发宋夏战争，宋兵屡遭失败，双方签订庆历和议。此时，辽趁机以重兵压境，宋廷不得不增加给辽的岁币，史称“庆历增币”。

赵祯非常重视文化教育，设立了许多学校，推动了文化的普及。

庆历三年（1043 年），赵祯任用范仲淹等人推行“庆历新政”，企图整顿吏治，以缓解统治危机。但因为反对势力庞大，改革旋即中止。

他统治时期，北宋经济繁荣，文化科技得到很大的发展。但当时官员、士兵大增，形成冗费、冗官、冗兵的积贫积弱局面。

宋英宗 赵曙（zhào shǔ）

赵曙（1032 年—1067 年），北宋第五位皇帝（1063 年—1067 在位）。

赵曙初名宗实，后改名曙，是濮安懿王赵允让之子，宋仁宗赵祯的养子。

嘉祐七年（1062 年），赵曙被立为皇太子。

嘉祐八年（1063 年），赵祯去世，赵曙即位成为皇帝。

赵曙即位后，继续任用宋仁宗赵祯时期的改革派重臣韩琦等人，对一些弊政进行改革。

他广纳人才，为国选贤，选拔了一批有才能的官员充实到官员队伍中。

他推行了财政改革，精简官员，降低军费支出，减少浪费，以节省国家开支。

他还积极施策，促进经济发展，增加国家收入，同时鼓励农业生产和商业活动。

赵曙非常重视典籍的编写整理。治平三年（1066 年），他命司马光专修《资治通鉴》，可惜未等书成，他就于次年因病逝世。

宋神宗 赵顼（zhào xū）

赵顼（1048 年—1085 年），北宋第六位皇帝（1067 年—1085 年在位）。

治平三年（1066 年），赵顼被立为皇太子。

治平四年（1067 年），赵顼即位为皇帝。

他对北宋积贫积弱的局面深感忧虑，熙宁二年（1069 年）任用王安石推行变法，史称“王安石变法”或“熙宁变法”。此次变法使北宋国家财政情况有所好转，军事实力也有所增强；但神宗死后，新法除置将法外，全部被废。

元丰三年（1080 年），他进行了官制改革，史称“元丰改制”。这次改革恢复了唐代的三省制，并设立了新的官职和机构，加强了中央集权。

赵顼还重视文化和教育的发展，继续支持《资治通鉴》的编纂。

知识拓展

《资治通鉴》：司马光奉宋英宗和宋神宗之命编撰的一部编年体通史。全书上起周威烈王二十三年（前 403 年），下讫后周世宗显德六年（959 年），按照时间顺序记载了共 1362 年的历史。宋神宗赵顼认为此书“鉴于往事，有资于治道”，遂赐名《资治通鉴》。

宋哲宗 赵(zhào)煦(xù)

赵煦（1077 年—1100 年），北宋第七位皇帝（1085 年—1100 年在位）。

元丰八年（1085 年），赵煦被立为太子，同年即位为帝。

赵煦登基时年幼，由高太后临朝听政。

高太后起用司马光等反对熙宁变法的大臣执政，恢复旧法，史称“元祐更化”。

元祐八年（1093 年），高太后去世，赵煦开始亲政。元祐九年（1094 年），赵煦改元“绍圣”。

他亲政后，下令恢复熙宁、元丰时期的经济政策，并且一改元祐时期的弃地求和政策，发动对西夏的战争，迫使西夏求和。但是他的身体健康状况不佳，最终他在元符三年（1100 年）病逝。

宋徽宗 赵(zhào)佶(jí)

赵佶（1082 年—1135 年），北宋第八位皇帝（1100 年—1125 年在位）。

赵佶是宋神宗赵顼的第十一子，宋哲宗赵煦之弟。

元符三年（1100 年），宋哲宗驾崩。因宋哲宗无子，赵佶被立为帝，次年改年号为“建中靖国”。

赵佶即位后启用新法，但重用的蔡京等人打着绍述新法的旗号无恶不作，导致政治形势恶化。

他过分追求奢侈生活，搜刮江南的奇花异石，称“花石纲”；在汴京修建宫苑“艮岳（gèn yuè）”。

他尊信道教，大建宫观，自称“教主道君皇帝”。

宋朝在他的统治下，农民起义接连不断，如宋江起义和方腊起义等。

宣和七年（1125 年），金军南下。十二月（1126 年 1 月），赵佶禅位给太子赵桓(即宋钦宗)，自称“太上皇”。

靖康二年（1127 年），赵佶与赵恒被金军掳去，史称“靖康之变”。

金天会十三年(1135 年)，赵佶在五国城去世。

虽然赵佶皇帝当得不怎么样，但是他在书法上造诣非凡，独创了“瘦金体”。这种书法风格瘦挺爽利，被后人争相仿效。他在绘画上也有极高的成就，尤其擅长花鸟画；他在诗词上也有较高的造诣。

知识拓展

靖康之变：又称“靖康之难”“靖康之祸”，是指靖康二年（1127 年）金军南下攻破北宋首都东京，掳走徽、钦二帝，连同后妃、宗室、官员等数千人，导致北宋灭亡的历史事件。

赵桓（zhào huán） 宋钦宗

赵桓（1100 年—1156 年），北宋第九位皇帝（1126 年—1127 年在位）。

宣和七年(1125 年)，金军大举南下，十二月(1126 年 1 月)宋徽宗禅位于赵桓，赵桓改元“靖康”。

靖康元年（1126 年），金军进至汴京城下，逼宋议和，要求宋纳贡并割让中山、河间、太原等地区。同年，金军再次攻宋，攻克汴京。

靖康二年（1127 年），金军将徽、钦二帝，连同后妃、宗室、官员等数千人掳走，北宋灭亡，史称“靖康之变”。

赵桓被金军俘虏北上，后死于五国城。

南宋（1127 年—1279 年）

南宋虽然外患深重，统治者偏安一隅，但其经济比较发达，经济重心完成了历史性南移，思想学术和文化艺术高度发展，理学成型并确立正统地位，向海外传播，形成了东亚儒学文化圈。南宋形成了市民阶层，出现了雇佣关系、城市化，还推动了中华民族的大交融，在中华文明发展进程中具有重要意义。

赵构（zhào gòu） 宋高宗

赵构（1107 年—1187 年），南宋第一位皇帝（1127 年—1162 年在位）。

赵构是宋徽宗赵佶第九子，宋钦宗赵桓之弟。

靖康元年（1126 年），金军南下，赵构奉命出使金营求和，中途被劝阻，驻节相州，受任河北兵马大元帅。

靖康之变后，东京失守，赵构辗转至南京应天府，在那里即位，改元“建炎”，建立南宋。

但是，在金军的进逼下，赵构南徙扬州、杭州、越州等地，最终在绍兴八年（1138 年）才正式定都临安。

他一面任用岳飞、韩世忠等名将抵抗金军，一面任用汪伯彦、黄潜善、秦桧等人对金求和。终于，南宋于绍兴十一年（1141 年），与金国达成“绍兴和议”，以放弃部分土地和对金称臣纳贡为代价，换来了南宋在淮河、秦岭以南的偏安局面。后来，他削诸将兵权，并杀害岳飞，此后长期委任秦桧为相。

赵构精通书法，尤其擅长行书和草书，著有《翰墨志》，传世墨迹有《草书洛神赋》等。

绍兴三十二年（1162年），赵构将皇位禅让给养子赵昚（shèn），自己则作为太上皇退居德寿宫，颐养天年。

淳熙十四年（1187年），赵构驾崩。

宋孝宗 赵（zhào）昚（shèn）

赵昚（1127年—1194年），南宋第二位皇帝（1162年—1189年在位）。

赵昚，初名伯琮（cóng），后被赐名瑗（yuàn），更名玮（wěi），是宋太祖赵匡胤的七世孙。

绍兴三十二年（1162年），他被立为皇太子，并改名为昚。同年，宋高宗赵构禅位于他。

赵昚即位之初，锐意进取，平反岳飞冤案，起用主战派人士，发动隆兴北伐，试图收复中原，但遭遇失败。失败后，赵昚开始整顿吏治，赈济百姓，使南宋呈现安定局面，史称“乾淳之治”。

淳熙十六年（1189年），赵昚禅位于皇太子赵惇，于绍熙五年（1194年）驾崩。

宋光宗 赵（zhào）惇（dūn）

赵惇（1147 年—1200 年），南宋第三位皇帝（1189 年—1194 年在位）。

赵惇是宋孝宗赵昚的第三子。

乾道七年（1171 年），赵惇被立为皇太子。

淳熙十六年（1189 年），宋孝宗赵昚禅位给赵惇，赵惇改元“绍熙”。

赵惇即位之初，连下三诏求言。这一举措旨在广开言路，收集朝野上下的建议。然而，他并未从这些建议中梳理出亟须解决的关键问题，也没有制定切实可行的措施并付诸行动。他通过削减谏官人数等一系列手段，来削弱台谏对皇权的约束。

同时，他开启“一相去台谏以党去，一相拜台谏以党进”的先例，导致相权与台谏结党，相互勾结。另外，他生性懦弱，十分惧内，使大权旁落于皇后手里。

他在位期间，南宋的“乾淳之治”成果渐消。

绍熙五年（1194 年），赵惇被迫禅位于次子赵扩，成为太上皇，史称“绍熙内禅”。

庆元六年（1200 年），赵惇逝世。

知识拓展

“一相去台谏以党去”：当一个宰相被罢免或离职时，与他有政治联系或被视为其党羽的台谏官员（即负责监察和弹劾官员的官员）也会相应地被罢免或受到打压。

“一相拜台谏以党进”：当一个新的宰相上任时，他会提拔或重用那些与他有政治联系或被视为其支持者的台谏官员，这些官员因此得以晋升并得到重用。

宋宁宗 赵扩（zhào kuò）

赵扩（1168 年—1224 年），南宋第四位皇帝（1194 年—1224 年在位）。

绍熙五年（1194 年），太上皇宋孝宗赵昚病重，然后驾崩，但他的儿子宋光宗赵惇未去看望他，在他死后也未能及时服丧，大为不孝，于是朝中骚动。在太皇太后和朝臣的推动下，赵惇被迫禅位于赵扩，赵扩便是宋宁宗。

赵扩即位后，任用赵汝愚为相，并召朱熹入朝讲学。

开禧二年（1206 年），他下诏北伐金国，但宋军面对金兵的反击，被迫由进攻转入防御，最终以失败告终。

嘉定元年（1208 年），南宋与金签订了屈辱的嘉定和议，宋朝皇帝与金朝皇帝的关系由以前的侄叔变为侄伯。

赵扩性格懦弱，缺乏决断力和领导力，在处理朝政时往往犹豫不决、摇摆不定，导致南宋朝政混乱、政治斗争激烈，走向衰落。

宋理宗 赵（zhào）昀（yún）

赵昀（1205 年—1264 年），南宋第五位皇帝（1224 年—1264 年在位）。

嘉定十七年（1224 年）宋宁宗赵扩死后，原本并非皇位继承人的赵昀被权臣史弥远拥立为帝。

赵昀即位的前十年，都受到权相史弥远的挟制，直到绍定六年（1233 年），史弥远去世后，赵昀才开始亲政。

他亲政之初采取了一系列改革措施，包括罢黜史党、澄清吏治、整顿财政……这些改革措施史称“端平更化”。

端平元年（1234 年），赵昀派兵联合蒙古灭金。灭金后不久，蒙古大汗以宋朝背约为由，全面攻宋，从而爆发了持续四十多年的宋蒙战争。

晚年的赵昀沉湎于享乐当中，使朝政落入丁大全、贾似道等奸相之手，南宋国势急衰。

宋度宗 赵（zhào）禥（qí）

赵禥（1240 年—1274 年），南宋第六位皇帝（1264 年—1274 年在位）。

赵禥是宋太祖赵匡胤的十一世孙，宋理宗赵昀的侄子。赵禥原非皇位继承人，但是由于赵昀无子，他被收为养子，于景定元年（1260 年）被立为太子，赐字长源。

景定五年（1264 年），宋理宗去世，赵禥即位，改元“咸淳”。

赵禥在位期间，朝政大权基本掌握在宰相贾似道手中。他自己只懂享乐，对朝政漠不关心。他准许贾似道滥发纸币，搜刮民财，导致货币贬值，物价飞涨。与此同时，蒙古军队再度南下，围攻襄、樊重镇。然而，由于贾似道不肯救援，致使两城最终失陷，南宋岌岌可危。

宋恭帝 赵(zhào)㬎(xiǎn)

赵㬎（1271 年—1323 年），南宋第七位皇帝（1274 年—1276 年在位）。

咸淳十年（1274 年），赵禥病死，赵㬎奉遗诏即皇帝位。

他即位次年改元“德祐”。由于赵㬎年幼，谢太后临朝听政，贾似道继续把持军国大事。赵㬎即位之时，元军已向南宋发动总攻，许多地方已被元军占领。

德祐二年（1276 年），元军兵临临安，赵㬎在太后的带领下降元，被降为瀛国公。

投降后，他被送到大都。

至元二十五年（1288 年），赵㬎被元世祖忽必烈遣送吐蕃学习藏文、佛法，后出家，从事佛经研究和翻译。

至治三年（1323 年），赵㬎去世。

宋端宗 赵昰（zhào shì）

赵昰（1269 年—1278 年），南宋第八位皇帝（1276 年—1278 年在位）。

德祐二年（1276 年）元军攻入临安时，赵昰已逃往婺州，后至温州。五月，赵昰在福州被南宋朝臣们拥立为帝，改年号为“景炎”。后来，赵昰逃到泉州，又被迫逃往潮州，后又在今广东惠州附近的海上流亡。

景炎三年（1278 年），赵昰病死于逃亡路上。

宋帝昺 赵昺（zhào bǐng）

赵昺（1272 年—1279 年），南宋最后一位皇帝（1278 年—1279 年在位）。

德祐二年（1276 年），元军攻入临安后，赵昺逃到福州。

景炎三年（1278 年），宋端宗赵昰病死，赵昺被南宋朝臣们拥立为帝。后来，他改年号为“祥兴”，并迁到崖山。

祥兴二年（1279 年），元军攻到崖山。在崖山海战中，南宋流亡政权战败，左丞相陆秀夫背着赵昺在崖山跳海而亡，剩余军民也相继投海殉国，宋朝至此灭亡。

辽朝（907 年—1125 年）

辽朝是中国历史上由契丹族领袖耶律阿保机建立的朝代，国号初名契丹，后改称“辽”，与北宋、西夏并立。辽共传九帝。

辽太祖 耶律阿保机（yē lǜ ā bǎo jī）

耶律阿保机（872 年—926 年），辽朝第一位皇帝（907 年—926 年在位）。

后梁开平元年（907 年），耶律阿保机取代遥辇氏任契丹八部联盟长。随后，他平定诸弟之乱，统一了中国北疆的大片领土和处于分散状态下的契丹诸部。

贞明二年（916 年），阿保机称帝，建立契丹国，改元“神册”。

在位期间，他并行汉制与草原行国体制，发展农商，命人制作契丹文字，改革礼俗，建筑城郭。他南攻代北及河北州县，西征诸游牧部落，东征渤海国。

天显元年（926 年），阿保机迫降渤海王，在渤海国旧地建东丹国。同年，他在还都途中病逝。

辽太宗 耶律德光

yē lǜ dé guāng

耶律德光（902 年—947 年，辽朝第二位皇帝（927 年—947 年在位）。

天显元年（926 年），辽太祖病死，耶律德光正式即位。

天显十一年（936 年），耶律德光协助石敬瑭灭亡后唐，取得燕云十六州。

会同元年（938 年），耶律德光改皇都为上京，改革官制，初步形成南北两面官制度。

会同九年（946 年），耶律德光南征，为后晋所败。后攻陷汴京，俘虏后晋出帝，灭亡后晋。次年，他改国号为“辽”，改元“大同”。

辽大同元年（947 年），因为各地武装反抗此起彼伏，辽朝在中原的统治动荡不安，耶律德光不得不罢兵北还，最终病逝于北还途中。

辽世宗 耶律阮

yē lǜ ruǎn

耶律阮（917 年—951 年），辽朝第三位皇帝（947 年—951 年在位）。

大同元年（947 年），辽太宗死于回军途中，耶律阮在镇阳即位为帝。即位后，耶律阮继续对中原用兵，并且采取了一系列改革措施，如效仿汉制设置北枢密院，并任用汉人担任要职。

他还推行“因俗而治”，正式形成北、南两套完整的官制，即北面官制和南面官制。然而，他的统治并不稳固，内部反叛不断。天禄五年（951 年），耶律阮率军伐后周时，在叛乱中被杀害。

辽穆宗 耶律璟

yē lǜ jǐng

耶律璟（931 年—969 年），辽朝第四位皇帝（951 年—969 年在位）。

天禄五年（951 年），耶律察割杀害辽世宗耶律阮，耶律德光之子耶律璟诛杀耶律察割后，正式即位。

耶律璟在位期间施行严刑峻法，对近侍极端残忍，常滥刑滥杀，还经常因为晚上饮酒作乐，白天睡觉，将政事置于脑后。

虽然他为人残暴，但是却能做到“上不及大臣，下不及百姓”，曾多次下诏减免赋税、礼待臣下。

应历十九年（969 年），耶律璟去黑山打猎，酗酒后，被他的近侍杀害。

知识拓展

上不及大臣，下不及百姓：这里指耶律璟在处理国家事务时，既不会过分侵犯或伤害大臣们的利益，也不会过分压榨或欺压普通百姓。然而，这并不意味着他与大臣或者百姓的关系是和谐的，他会通过威胁和恐吓来维持自己的权威。

耶（yē）律（lǜ）贤（xián） 辽景宗

耶律贤（948 年—982 年），辽朝第五位皇帝（969 年—982 年在位）。

天禄五年（951 年），耶律贤的父亲辽世宗被耶律察割所杀的时候，年幼的耶律贤藏身于柴堆当中逃过一劫。

应历十九年（969 年），辽穆宗耶律璟被杀后，耶律贤即位为帝。

耶律贤即位后，确立皇位嫡长子继承制度，加快了契丹社会封建化进程。

保宁十一年（979 年），辽军在高梁河之战中击败宋军，后来双方互有胜负。

耶律贤在位期间，汉族官吏地位日显，作用渐大。他重视提拔和选用人才，善于纳谏。他复设登闻鼓院，让百姓有申冤之地，并宽减刑法，对百姓加以安抚，将辽朝逐渐推上了中兴之路。他被后世誉为辽朝的中兴之主。

辽圣宗 耶(yē)律(lǜ)隆(lóng)绪(xù)

耶律隆绪（971 年—1031 年），辽朝第六位皇帝（982 年—1031 年在位）。

乾亨四年（982 年），耶律隆绪即位为皇帝，改元“统和”，改国号为“契丹”。

由于他年幼，他的母亲承天太后摄政。

统和四年（986 年），辽军大败宋北伐之师。

统和二十二年（1004 年），辽军屡败宋军，但是进攻澶州时久攻不下，与宋朝议和，订立澶渊之盟，开启辽宋两国和平共处局面。

统和二十七年（1009 年），耶律隆绪正式亲政。

他在位期间，对内实行改革，大力整顿吏治，任用贤臣；仿照唐朝制度，开科取士，吸纳了一大批优秀的人才。对外实行联合党项抗击宋朝的策略，使辽朝达到鼎盛。

辽兴宗 耶（yē）律（lǜ）宗（zōng）真（zhēn）

耶律宗真（1016 年—1055 年），辽朝第七位皇帝（1031 年—1055 年在位）。

太平元年（1021 年），耶律宗真被封为皇太子。

太平十一年（1031 年），辽圣宗耶律隆绪驾崩，耶律宗真即位为帝，改元“景福”。

耶律宗真即位初期，权力一度被其生母萧耨（nòu）斤掌握。

萧耨斤甚至有改立耶律宗真之弟耶律重元之意。但是耶律重元将母亲的计谋泄露给了耶律宗真，耶律宗真便一举铲除了萧耨斤及其党羽的势力，成功收回大权。

耶律宗真在位期间，辽朝与北宋的关系紧张。他曾陈兵边境，迫使北宋增加银绢岁币。

他还发起对西夏的进攻，结果大败。

他无法延续他父亲辽圣宗在位时的盛世，导致国内矛盾逐渐尖锐，辽朝开始日益衰落。

辽道宗 耶(yē)律(lǜ)洪(hóng)基(jī)

耶律洪基（1032 年—1101 年），辽朝第八位皇帝（1055 年—1101 年在位）。

重熙二十四年（1055 年），耶律宗真在外出巡幸时身染重病去世，耶律洪基即位为帝，改元“清宁”。

他即位后，促进了辽境内各民族间的相互认同。

他有很多诗歌作品，著有《清宁集》，但是现在已经失传。

清宁九年（1063 年），耶律重元谋反，耶律洪基派耶律仁先等人率军平叛，耶律重元兵败自杀。

耶律洪基的臣子耶律乙辛等人弄权，他听信耶律乙辛的谗言后杀皇后萧氏及太子耶律浚。直到大康九年（1083 年），耶律洪基才杀死耶律乙辛。

耶律洪基在位期间，辽朝由盛转衰。

寿隆七年（1101 年），耶律洪基因病崩逝。

耶律延禧

yē lǜ yán xī

辽天祚帝

耶律延禧（1075 年—1128 年），辽朝最后一位皇帝（1101 年—1125 年在位）。

大安七年（1091 年），耶律延禧被任命为天下兵马大元帅。

寿隆七年（1101 年），辽道宗去世，耶律延禧即帝位，改元“乾统”。

耶律延禧是辽道宗耶律洪基之孙，早年险为权臣耶律乙辛所害，幸得其他大臣保护才得以存活。

耶律延禧在位期间，辽朝政治腐败，人心涣散，内外矛盾激化。面对危机，他并未积极应对，反而热衷于狩猎和游玩，导致辽朝的政局内外交困。

天庆四年（1114 年），辽朝境内的女真族起兵反辽，辽军屡战屡败。

天庆五年（1115 年），女真的完颜阿骨打建金朝称帝，耶律延禧率军亲征，结果大败而回。

天庆十年（1120 年），金朝攻克辽朝都城上京。

保大二年（1122 年），耶律延禧率残部败走夹山。

保大四年（1124 年），耶律延禧率军出夹山，再次败溃。

保大五年（1125 年），耶律延禧率残部西逃，在应州被金兵所俘虏，辽朝灭亡。

西夏 （1038 年—1227 年）

西夏是中国历史上由党项拓跋氏在中国西北部建立的朝代，本名“大夏”，亦称“白上国”，因其在西北，故称之为“西夏”。西夏前期和辽、北宋并立，后期与金朝并立。西夏宝义二年（1227 年），西夏被蒙古所灭。西夏共历十帝。

西夏景宗 嵬名元昊（wéi míng yuán hào）

嵬名元昊（1003 年—1048 年），西夏第一位皇帝（1032 年—1048 年在位）。

李元昊奉父命领兵攻破甘州回鹘后，被立为继承人。后辽朝封其为夏国王。1032 年，李元昊废弃唐、宋所赐李、赵姓氏及拓跋旧姓，改姓嵬名，自称“兀卒（wù zú）”。

西夏广运元年（1034 年），嵬名元昊建年号“开运”，并下秃发令；主持创制西夏文，让西夏文在官方文书和民间日常生活中逐渐得到广泛使用。

大庆二年（1037 年），嵬名元昊设立夏、汉学院，建立番学（党项学）。

天授礼法延祚元年（1038 年），嵬名元昊正式称帝，国号“大夏”，定都兴庆府。

嵬名元昊在位期间，西夏与宋朝的外交关系正式破裂，并发生了多次战争。西夏屡屡获胜，形成西夏、宋、辽三方鼎足的局势。在他的统治后期，他个人性格的残暴和奢侈，以及内政的腐败，导致西夏国内矛盾加剧。

天授礼法延祚十一年（1048 年），他夺走自己儿子宁凌哥的妻子，并且想要废黜宁凌哥，导致父子矛盾升级。后宁凌哥入宫行刺，嵬名元昊受伤而死。

西夏毅宗 嵬(wéi)名(míng)谅(liàng)祚(zuò)

嵬名谅祚（1047 年—1068 年），西夏第二位皇帝（1048 年—1068 年在位）。

嵬名谅祚年幼即位，由其母没藏氏与其舅没藏讹庞掌握朝政。

后嵬名谅祚开始参与国事，并在都韆（duǒ）五年（1061 年），成功诛杀没藏讹庞及其家族，结束了没藏氏专权的局面，开始作为西夏的皇帝行使权力。

他在位期间，在国内停止使用蕃礼，改用汉仪；增设各部尚书、侍郎等多种官职，完善了中央行政体制。

他还调整监军司，加强军备，并控制军权，使文武官员相互牵制。正是他的这些措施，使得当时西夏的国力渐渐增强。

西夏惠宗 嵬(wéi)名(míng)秉(bǐng)常(cháng)

嵬名秉常（1060 年—1086 年），西夏第三位皇帝（1068 年—1086 年在位）。

拱化五年（1068 年），嵬名谅祚病死，年幼的嵬名秉常即位，由其母梁氏与梁氏的弟弟梁乙埋掌握朝政。因此，嵬名秉常在幼年成了梁氏姐弟操纵的傀儡皇帝。

梁氏姐弟通过多年的经营，在西夏朝中形成了相当大的势力。他们选用亲信，排斥异己，控制了西夏的最高统治权。

嵬名秉常亲政后，试图推行汉礼，并接受大臣的建议，将黄河以南的部分土地划归宋朝，以此借助宋朝的力量对付梁氏。但这些尝试均遭到了梁氏势力的强烈反对。

大安六年（1080 年），嵬名秉常被梁氏和梁乙埋囚禁。

大安九年（1083年），由于将领的反对，梁氏不得不让嵬名秉常复位。然而，复位后的嵬名秉常仍然无法摆脱梁氏的控制。由于长期不能亲政，以及梁氏势力的压制，嵬名秉常在天安礼定元年（1086年）忧愤而死。

西夏崇宗 嵬（wéi）名（míng）乾（qián）顺（shùn）

嵬名乾顺（1084年—1139年），西夏第四位皇帝（1086年—1139年在位）。

嵬名乾顺年幼即位，政权由梁氏家族掌控。这一时期，西夏政治腐败，军队衰弱，北宋趁机发动攻击，西夏屡战屡败。

永安二年（1099年），嵬名乾顺成功铲除梁氏势力，开始亲政。

他亲政后，整顿吏治，确定君主集权的体制，结束了外戚贵族专权的局面。他还颁布等级制的官阶封号，将除皇帝及帝位继承人外的官员分为七品，使西夏政治制度日臻完备。

他爱好汉族文化，在国内传授汉学，培养官员，并制定按照资格任官的法令，对精通汉学者特加奖擢。

在嵬名乾顺的励精图治下，西夏国势强盛，政治清明，社会经济得到很好的发展。

他利用辽、宋都日益衰落的形势，先联辽抗宋，夺得大片土地，后又在辽天祚帝向西夏求救时断然拒绝。辽灭亡后，他又结金攻宋，扩展疆土。

大德五年（1139年），嵬名乾顺去世，在位五十余年。

西夏仁宗 嵬(wéi)名(míng)仁(rén)孝(xiào)

嵬名仁孝（1124 年—1193 年），西夏第五位皇帝（1139 年—1193 年在位）。

大德五年（1139 年），嵬名仁孝即位。

嵬名仁孝注重法制建设，制定了《天盛年改新定律令》。

他下令设立各级学校，实行科举制度选拔人才，为西夏的文化繁荣奠定了基础。

他在位期间结好金朝，以稳定外部环境，让这段时间逐渐成为西夏的盛世。这段时间同时也是金朝、南宋的稳定发展期，三国之间战争逐渐减少。但是他重文轻武，导致军备废弛，军队战斗力减弱，这也是西夏后期走向衰落的一个重要原因。

西夏桓宗 嵬(wéi)名(míng)纯(chún)祐(yòu)

嵬名纯祐（1177 年—1206 年），西夏第六位皇帝（1193 年—1206 年在位）。

乾祐二十四年（1193 年），西夏仁宗嵬名仁孝去世，嵬名纯祐即位。

他即位后，基本上奉行仁宗时期的政治和外交方针，对内安国养民，对外继续与金朝保持良好关系，被金朝册封为夏国主。

此外，西夏还与宋朝保持了一定的外交联系。但此时，蒙古在漠北逐渐强大并对西夏构成严重威胁。

天庆十二年（1205 年），蒙古进攻西夏，攻陷力吉里寨等地。蒙古退兵后，嵬名纯祐下令修复被毁城寨，并改都城兴庆府为中兴府，寓意中兴。

后越王嵬名仁友（西夏仁宗嵬名仁孝的弟弟）病死，其子嵬名安全请求承袭越王爵位，嵬名纯祐不许，反降封他为镇夷郡王。因此嵬名安全对嵬名纯祐怀恨在心，于天庆十三年（1206 年），勾结嵬名纯祐的生母罗氏发动宫廷政变，废黜了嵬名纯祐，自立为帝。嵬名纯祐被软禁，不久后暴卒。

嵬名安全

wéi míng ān quán

西夏襄宗

嵬名安全（1169 年—1211 年），西夏第七位皇帝（1206 年—1211 年在位）。

天庆十三年（1206 年），嵬名安全废桓宗，自立为帝。

他在位期间，西夏国力逐渐衰落，社会矛盾尖锐，民不聊生。

他试图通过改革来挽救西夏的颓势，但未能成功。面对蒙古的崛起，嵬名安全采取了一系列措施加强军备，但由于西夏内部政治的腐败和军备废弛，西夏在与蒙古的战争中屡战屡败，失去大片领土。

嵬名遵顼

wéi míng zūn xū

西夏神宗

嵬名遵顼（1162 年—1226 年），西夏第八位皇帝（1211 年—1224 年在位）。

嵬名遵顼年少时十分好学，博览群书，擅长书法。

天庆十年（1203 年），他参加科举考试，拔得头筹，成为进士第一名。

皇建二年（1211 年），嵬名遵顼废黜西夏襄宗嵬名安全，自立为帝，改元“光定”。

由于在西夏国内有着良好的口碑，他得到了大部分势力的支持，但是他空有满腹才华，在政治和军事上却未能展现出相应的才能，致使西夏国力逐渐衰落，加上与蒙古频繁的战争，西夏遭受了严重的摧残。

在蒙古的威胁下，西夏败亡在即，嵬名遵顼传位给次子嵬名德旺，自称太上皇。

西夏献宗 嵬(wéi)名(míng)德(dé)旺(wàng)

嵬名德旺（1181 年—1226 年），西夏第九位皇帝（1224 年—1226 年在位）。

嵬名德旺是西夏神宗嵬名遵顼的次子，因西夏神宗退位而即位。

他在位期间，西夏面临着蒙古的严重威胁，国势衰微。他曾联络漠北未被蒙古征服的诸部，结为外援，共同抗击蒙古。但由于蒙古的强大和西夏内部的衰弱，这一政策未能取得显著成效。

乾定四年（1226 年），成吉思汗率军再次进攻西夏，嵬名德旺在这样强大的攻势下，无力回天，忧惧而死。

西夏末主 嵬(wéi)名(míng)晛(xiàn)

嵬名晛（？—1227 年），西夏最后一位皇帝（1226 年—1227 年在位）。

乾定四年（1226 年），嵬名德旺去世，西夏群臣拥立嵬名晛即位，改年号为“宝义”。

他即位时，西夏已面临亡国的危局。他即位后不久，蒙古军队就大举攻入西夏，进逼都城中兴府，嵬名晛坚守了一段时间。但由于城中粮食用尽，大批军民得病，又遭强烈地震，城中许多宫室都被震塌，嵬名晛最终决定投降。

宝义二年（1227 年），嵬名晛向成吉思汗投降。后成吉思汗去世，蒙古将领为防西夏生变，将嵬名晛杀死，西夏灭亡。

金朝（1115 年—1234 年）

金朝是中国历史上由女真族完颜部首领阿骨打建立的封建王朝。金朝西与西夏、蒙古等接壤，南与南宋对峙。

金太祖 完颜阿骨打（wán yán ā gǔ dǎ）

完颜阿骨打（1068 年—1123 年），金朝第一位皇帝（1115 年—1123 年在位）。

完颜阿骨打自幼力大无比，精于弓矢，早年跟随父亲南征北战，屡立战功，逐渐在部落中树立了权威。完颜阿骨打在继任女真首领后，逐步统一邻近部落，开始起兵抗辽，并取得了重大胜利。

完颜阿骨打于 1115 年称帝，国号“金”，定都会宁府，开启了金朝的历史。

为了集中力量对付辽国，完颜阿骨打派人出使北宋，并订立“海上之盟”，约定金攻辽中京，宋攻辽燕京，并将燕京一带旧地归还宋。

完颜阿骨打在位期间，进行了一系列改革，包括改革猛安谋克制度，重用汉人知识分子等，这些措施巩固了金朝的统治。

另外，在天辅三年（1119 年），完颜阿骨打还命完颜希尹制作女真文字，这对于女真族的文化传承和强化民族认同感具有重要意义。他鼓励各地方设立学校和书院，培养人才，推广科技和文化成果。他还支持文化交融，促进了民族文化的融合和发展。

金太宗

完（wán）颜（yán）晟（shèng）

完颜晟（1075 年—1135 年），金朝第二位皇帝（1123 年—1135 年在位）。

天辅七年（1123 年），完颜阿骨打去世后，其弟完颜晟即位，改元“天会”。

完颜晟在位期间，继续执行完颜阿骨打的政策，通过军事扩张巩固了金朝的统治。

天会三年（1125 年），金军擒获辽天祚帝，辽朝灭亡。

天会四年（1126 年），金军围困汴京，迫使北宋割让中山、太原、河间三镇，并增加岁币。同年，金军再次攻宋，俘虏宋徽宗和宋钦宗，北宋灭亡。

金熙宗

完（wán）颜（yán）亶（dǎn）

完颜亶（1119 年—1150 年），金朝第三位皇帝（1135 年—1150 年在位）。

完颜亶幼年时就学习汉文经史，能用汉文赋诗作文，喜雅歌儒服。

天会十三年（1135 年），金太宗完颜晟病死，完颜亶登基为帝。

即位后，他实施了一系列的改革，包括亲祭孔子庙，禁止买卖贫民为奴，除辽铁禁，完善军事、户籍、赋税制度等。

皇统元年（1141 年），金与南宋议和，南宋向金纳币称臣，双方对峙的局面基本形成。

后辅弼大臣去世，皇后裴满氏干预朝政，完颜亶开始酗酒，滥杀无辜，使得朝政混乱，群臣惊惧。

皇统九年年末（1150 年 1 月），完颜亶被完颜亮等人合谋刺杀。

完（wán）颜（yán）亮（liàng）

金海陵王

完颜亮（1122 年—1161 年），金朝第四位皇帝（1149 年—1161 年在位）。

皇统九年年末（1150 年 1 月），完颜亮杀金熙宗完颜亶自立，改元“天德”。

完颜亮喜读书，工于诗词，代表作有《鹊桥仙·待月》，还著有《七绝 · 书壁述怀》《喜迁莺》等。

他即位后，采取了一系列推动女真社会发展和金朝封建化的措施，为金朝的持续发展打下了良好的基础。在位期间，他还鼓励民众发展农业生产，铸造钱币以活跃社会经济。

贞元元年（1153 年），他将都城从上京会宁府迁至燕京，并改称燕京为中都。

正隆六年（1161 年），完颜亮率军南征南宋。在渡江作战时，完颜亮死于完颜元宜等人手中，死后先被封为海陵炀王，不久被废为庶人。

完颜雍（wán yán yōng）
金世宗

完颜雍（1123 年—1189 年），金朝第五位皇帝（1161 年—1189 年在位）。

正隆六年（1161 年），完颜雍趁完颜亮攻打南宋的时候，拥兵称帝，改元“大定”，随后进军金中都，夺取政权。而在得知他称帝的消息以后，金兵军心动荡。完颜元宜在这种情况下弑杀了完颜亮。之后，完颜元宜带兵北撤，投奔完颜雍。

即位之初，完颜雍以强力手段派兵镇压契丹的叛乱起义，并击溃南宋的“隆兴北伐”，与南宋达成“隆兴和议”。

完颜雍的文化修养很高，能作诗填词，《全金诗》《全金元词》及《金文最》都收录有他的诗文。他勤政节俭，选贤治吏，轻赋重农，尊崇儒学，广开榷（què）场，使金朝国库充盈，百姓安康，出现了“大定之治”的繁荣局面。

知识拓展

榷场：榷场是辽、宋、夏、金元各在边境所设的互市市场。场内贸易由官吏主持，除官营贸易外，商人须纳税、交牙钱、领得证明文件方能交易。

金章宗 完(wán)颜(yán)璟(jǐng)

完颜璟（1168 年—1208 年），金朝第六位皇帝（1189 年—1208 年在位）。

大定二十五年（1185 年），完颜璟的父亲完颜允恭去世。

大定二十六年（1186 年），完颜璟被立为皇太孙。

大定二十九年（1189 年），金世宗完颜雍去世，完颜璟即位。

完颜璟酷爱汉文诗词与书画，为金朝诸帝中文化水平较高的一人。他仿效唐、宋汉制，制定礼乐制度，使金朝的制度更加完善。他的书法作品受到宋徽宗瘦金体的影响，具有很高的艺术价值。

为抵御北方游牧民族，他继续挖掘界壕。

泰和六年（1206 年），他还击退了南宋的开禧北伐，并与南宋订立了嘉定和议。

完颜璟在位期间，加强了官制改革，为适应形势和需要，设立了许多新的机构。

他下令修备法典，取得了很大的成果，对于巩固政权、安定社会、发展经济、维护统治阶级利益都起到了很大的作用。

他试图延续金朝的繁荣，然而，由于内外因素的交织，金朝在他的统治后期逐渐走向衰落。

完（wán）颜（yán）永（yǒng）济（jì）

金卫绍王

完颜永济（？—1213 年），金朝第七位皇帝（1208 年—1213 年在位）。

泰和八年（1208 年），金章宗完颜璟去世。由于他无子，他的叔父卫绍王完颜永济在金世宗完颜雍元妃李氏（完颜永济的母亲）和宦官李新喜的支持下即位为帝，改元“大安”。

完颜永济在位期间，蒙古崛起，开始连年南下攻打金朝。

从大安三年（1211 年）起，蒙古军与金军多次交战，金军屡战屡败。

至宁元年（1213 年），蒙古军攻入金中都，金军将领叛变，完颜永济被废，并被逐出皇宫，回到了他的旧宅。

金宣宗 完(wán)颜(yán)珣(xún)

完颜珣（1163 年—1223 年），金朝第八位皇帝（1213 年—1223 年在位）。

完颜珣本名吾睹补，后被赐名珣，是金章宗完颜璟异母兄。

至宁元年（1213 年），权臣胡沙虎废除卫绍王完颜永济后，拥立完颜珣为帝。同年，胡沙虎被术虎高琪杀死。

贞祐二年（1214 年），金宣宗完颜珣向蒙古大汗成吉思汗求和。随后，完颜珣将都城迁到汴京。这一举动触怒了蒙古，导致战争再起。与此同时，他还发动对南宋的战争，使得金朝腹背受敌。金朝内部也频发叛乱，危在旦夕。

金哀宗

完（wán）颜（yán）守（shǒu）绪（xù）

完颜守绪（1198 年—1234 年），金朝第九位皇帝（1224 年—1234 年）。

完颜守绪本名守礼，又名宁甲速，是金宣宗完颜珣的第三子。

元光二年（1224 年），内外交困中的金宣宗完颜珣病逝，他的儿子完颜守纯抢先入宫，试图占据有利地位。然而，太子完颜守绪及时入宫，并派禁军将完颜守纯控制住，挫败了他的夺位企图，然后，即位为帝，改元“正大”。

完颜守绪在位期间，多次抗击蒙古，并尝试改善与西夏和南宋的关系。

他进行了一系列的改革，但均以失败告终。而且他还犯了一些无法逆转的错误，如放弃汴梁、归德府，起用跋扈的官员却又将其杀死等。

天兴三年（1234 年），宋蒙联军围困蔡州。在蔡州被围困数月之后，完颜守绪不想当亡国之君，于是便下令传位于完颜承麟，自己则自缢于幽兰轩。而完颜承麟的即位大典还没有举行完毕，宋蒙联军已经攻入城内。他草草完成大典立刻带兵抗击，后死于乱军之中。至此，金朝灭亡。

元朝 （1206 年—1368 年）

元朝是中国历史上的一个重要的朝代。成吉思汗于 1206 年建国。1271 年，忽必烈定国号为“元”。公元 1279 年，元灭南宋。

元太祖 铁（tiě）木（mù）真（zhēn）

铁木真（1162 年—1227 年），蒙古大汗（1206 年—1227 年在位）。

铁木真早年丧父，被敌对部族驱逐，另投他部。后被推举为蒙古乞颜部可汗，集合部众，经过一系列战争，统一蒙古诸部，并于 1206 年在斡难河源即汗位，建立蒙古汗国。

随后，他实行千户制，建立护卫军，颁布了札撒（法典）。这些制度为蒙古汗国的统治提供了有力的保障，也为后来元朝的建立奠定了基础。

经过多次战争，他征服了西夏、金朝等政权，并多次西征，占领中亚大片土地，扩展了蒙古汗国的疆域。

1227 年，成吉思汗在征金途中病逝于六盘山下。在临终前，他留下了遗嘱，要求利用宋金世仇，借道宋境，联宋灭金。这一遗愿后来由他的儿子窝阔台和拖雷实现。

元睿宗 拖（tuō）雷（léi）

拖雷（1193 年—1232 年），蒙古监国（1227 年—1229 年在位）。

拖雷是成吉思汗的幼子。按照蒙古“幼子守灶”的习俗，他继承了他父亲的大部分军队。

他自幼随父征战，战功赫赫。成吉思汗去世后，拖雷出任监国，其间使蒙古军队得到休整，并推动汗国的统治权平稳交接。

后来，拖雷在选举大汗的忽里台大会上，与诸王拥立兄窝阔台即位。

1231 年，拖雷与窝阔台分道攻金，并取得巨大战果，为后续的灭金之战奠定了基础。次年，拖雷在回军途中病死，后被追谥为景襄皇帝，庙号睿宗。

知识拓展

幼子守灶：蒙古族的一种传统习俗。主要指的是在蒙古家庭中，由最小的儿子（幼子）在父母去世后继承家业，包括主要的家产、牲畜和蒙古包等。这一习俗源于蒙古族传统的游牧生活方式。蒙古包是蒙古族人民为适应游牧生活而创造的一种居所，因此“守灶”也常常指继承蒙古包，即继承家庭的主要居住地和财产。

wō kuò tái

元太宗 窝阔台

窝阔台（1186 年—1241 年），蒙古大汗（1229 年—1241 年在位）。

窝阔台是元太祖成吉思汗的第三子。

窝阔台自幼生长在战乱中，很小就开始学习骑马射箭，在马背上度过了他的少年时光。他跟随父亲成吉思汗四处征伐，经过多次战争的洗礼，成长为一位骁勇善战的将领。

成吉思汗去世后，按照蒙古“幼子守灶”的传统习俗，窝阔台本没有资格继承汗位。然而，由于窝阔台在军事上的卓越才能，以及他在蒙古汗国中的崇高威望，还有拖雷的拥护，他最终成功继承了汗位。

窝阔台在位期间，继续执行成吉思汗的扩张政策，对周边国家进行了多次军事扩张。

窝阔台与弟弟拖雷分道攻金，最终于窝阔台汗六年（1234 年）与南宋联合灭金。

他还采取了一系列改革措施，以巩固蒙古汗国的统治。

他采用“汉法”，设立中书省等机构，模仿中原王朝的统治模式，加强了中央集权。同时，他还注重发展经济，采取了一系列措施促进社会经济的发展。他还积极引进中原文化，推动蒙古文化与中原文化的融合。这些举措不仅丰富了蒙古人民的精神生活，也促进了蒙古汗国与周边国家的文化交流。

元定宗 贵由

guì yóu

贵由（1206 年—1248 年），蒙古大汗（1246 年—1248 年在位）。

贵由是成吉思汗之孙，元太宗窝阔台的长子。

窝阔台去世后，其母脱列哥那不顾窝阔台生前想立孙子失烈门为太子的想法，立远在中亚的贵由为太子。随后，脱列哥那临朝称制五年等待贵由赶回来即位。

1246 年，贵由即位。

贵由即位后，政权一度被脱列哥那等人掌控。他通过诛杀脱列哥那的宠臣，派亲信主管汉地事务等方式夺回权力。贵由在位期间，蒙古汗国的疆域得到了进一步的扩张。

元宪宗 蒙(měng)哥(gē)

蒙哥（1209 年—1259 年），蒙古大汗（1251 年—1259 年在位）。

蒙哥是元太祖成吉思汗之孙、元睿宗拖雷长子，他的弟弟即元世祖忽必烈。

蒙哥沉默寡言，不好奢靡，喜欢打猎，多次跟随窝阔台参加征伐，屡立奇功。

1248 年，贵由去世后，钦淑皇后临朝称制。蒙哥在拔都等人的支持下，最终在 1251 年，于蒙古草原斡难河畔举行的忽里台大会上，被宗室大臣们拥戴为大汗。

蒙哥即位后，继续扩张领土，攻灭大理，并派遣旭烈兀西征西亚诸国。

1258 年，蒙哥率领大军进攻南宋，在攻打合州钓鱼城的时候，病死在城下。

忽(hū)必(bì)烈(liè)

元世祖

忽必烈（1215 年—1294 年），蒙古大汗、元朝第一位皇帝（1260 年—1294 年在位）。

忽必烈是成吉思汗之孙、拖雷第四子、元宪宗蒙哥的弟弟。

蒙哥汗九年（1259 年），蒙哥死后，忽必烈自前线回师，与其弟阿里不哥争夺汗位，并于次年即汗位于开平。

至元元年（1264 年），忽必烈定都燕京（大都）。

1271 年，他建国号为“元”。

至元十一年（1274 年），忽必烈命伯颜等大举伐宋，两年后攻陷宋都临安，后又于崖山海战消灭南宋残余势力，完成了全国的统一。

忽必烈重视汉文化，推崇儒术。他在位期间，建立了包括行省制在内的各项制度，加强对边疆的管理。他还鼓励农民开垦荒地，兴修水利，发展生产。

他的措施巩固和发展了统一的多民族国家。他建立的元朝对中国历史产生了深远的影响。

元成宗 铁穆耳

tiě mù ěr

铁穆耳（1265 年—1307 年），元朝第二位皇帝（1294 年—1307 年在位）。

忽必烈晚年，由于太子真金英年早逝，忽必烈一直没有选择继承人，后来选择了真金的儿子铁穆耳为继承人。

至元三十年（1293 年），铁穆耳被授予太子印，统军镇守漠北。

至元三十一年（1294 年），在母亲阔阔真和大臣伯颜等人的扶持下，铁穆耳登基，建元“元贞”。

铁穆耳遵循忽必烈遗制，善于守成，被称为“守成之君”。

他在位期间，采取了一系列措施加强中央集权。他整顿吏治，严惩贪污腐败的官员，提高政府行政效率。同时，他限制诸王的势力，加强了对地方的控制。

铁穆耳注重文化教育，推崇儒学。他还提高儒生的地位，使得儒学在元朝得到了进一步的发展。为了减轻百姓的负担，铁穆耳采取了一系列减免赋税的措施。他减轻了农民的徭役负担，使百姓得以安居乐业。

但是，由于他大肆赏赐贵族宗亲，导致国库亏空，财政状况恶化。他晚年病重，朝政实际由皇后卜鲁罕等人控制，贪污贿赂之风盛行。

元武宗 海(hǎi)山(shān)

海山（1281 年—1311 年），元朝第三位皇帝（1307 年—1311 年在位）。

大德十一年（1307 年），元成宗铁穆耳无嗣崩逝，海山的弟弟爱育黎拔力八达在大都发动政变，除掉了铁穆耳的皇后卜鲁罕及她试图拥立的安西王阿难答。

海山则自漠北率军南下，取得皇位继承权，并于上都登基。作为报答，他册封弟弟爱育黎拔力八达为皇太子。

海山的性格喜怒不定，有时表现得宽厚大度，有时却凶暴残忍。他耽于享乐，奢侈挥霍，大兴土木，导致财政困难。

不过，他在位时间不长，却实施了许多改革，如颁布了一些新的政策，赈济灾民，整改弊端，等等。但由于他在位时间短暂，这些改革措施未见成效便戛然而止。

元仁宗 爱育黎拔力八达

ài yù lí bá lì bā dá

爱育黎拔力八达（1285 年—1320 年），元朝第四位皇帝（1311 年—1320 年在位）。

爱育黎拔力八达因为拥戴元武宗海山为帝有功而被封为皇太子（实际是皇太弟），与元武宗海山约定兄终弟及。

他即位后重视儒家文化，制定“以儒治国”的政策，推行了科举制度，促进了文化的繁荣。此外，他还命人将有关风纪的“格例条画”分类编成了一部关于纲纪、吏治的法典《风宪宏纲》。

他在位期间，进行了多项改革，罢尚书省，废至大银钞，并整顿朝政，裁减冗员。他还停止浩大的土木工程，限制诸王驸马的行为，以防止他们横行害民。不过，他未能完全解决元朝的贪污腐败问题，也没有按照与元武宗的约定传位给武宗之子。

元英宗 硕德八剌

shuò dé bā là

硕德八剌（1303 年—1323 年），元朝第五位皇帝（1320 年—1323 年在位）。

硕德八剌是元仁宗爱育黎拔力八达的长子。

延祐三年（1316 年），他被立为皇太子，并开始参与朝政事务。

延祐七年（1320 年），元仁宗去世，硕德八剌在权臣铁木迭儿等人的扶持下，登基称帝，改元“至治”。

至治三年（1323 年），他颁布了法律典籍《大元通制》，为元朝法律体系的完善做出了重要贡献。

硕德八剌即位后，继续推行其父元仁宗的“以儒治国”政策，重视儒学教育，采用儒家思想来治理国家。在右丞相拜住、中书平章政事张珪等人的帮助下，他进行了一系列改革，如裁减冗官、监督官员不法行为、颁布新法律等，还清除铁木迭儿余党，严惩他们贪赃枉法的行为，以巩固元朝统治，缓和社会矛盾。

至治三年（1323 年）八月，硕德八剌与右丞相拜住从上都返回大都，驻营于南坡店，被铁木迭儿的义子铁失等人刺杀，史称“南坡之变”。

也(yě)孙(sūn)铁(tiě)木(mù)儿(ér)

元泰定帝

也孙铁木儿（1293 年—1328 年），元朝第六位皇帝（1323 年—1328 年在位）。

至治三年（1323 年），元英宗被弑后，也孙铁木儿被诸王推举为帝，在上都龙居河登基，改元“泰定”。

他即位后，惩处了参与谋杀元英宗的官员，并下诏减免部分省份的赋税。

他继续推行汉法，崇奉佛教，广建佛寺。

致和元年（1328 年），泰定帝去世。

阿(ā)速(sù)吉(jí)八(bā)

元天顺帝

阿速吉八（1320 年—1328 年），元朝第七位皇帝（1328 年在位）。

阿速吉八是元泰定帝也孙铁木儿与八不罕皇后所生之子。

泰定元年（1324 年），阿速吉八被封为皇太子。

致和元年（1328 年），泰定帝病死，阿速吉八即帝位。同时，元武宗次子图帖睦尔在大都发动政变称帝，随即率军攻入上都，杀死阿速吉八。

元文宗 图（tú）帖（tiē）睦（mù）尔（ěr）

图帖睦尔（1304 年—1332 年），元朝第八位皇帝（1328 年—1332 年在位）。

致和元年（1328 年），图帖睦尔在大都发动政变称帝。图帖睦尔声称，只要等大哥和世琜（là）一到，自己就退位让贤。

后图帖睦尔迎回自己的兄长和世琜，即元明宗，并禅位于他。但不久后，图帖睦尔就又害死了元明宗，自己复位。

图帖睦尔在位期间，重视文化教育，创建了奎章阁——一个专门负责编纂书籍和收藏文物的机构。他命人编纂《皇朝经世大典》，保存了大量史料。他试图通过文化教育来振兴元朝，但与此同时，燕帖木儿独揽相权，导致元朝内部吏治败坏，财政状况也越来越不好。

至顺三年（1332 年），图帖睦尔因病去世。临终前，他自悔谋害兄长之事，吐露真情，并命明宗之子即位。

元明宗 和(hé)世(shì)㻋(là)

和世㻋（1300 年—1329 年），元朝第九位皇帝（1329 年在位）。

大德四年（1300 年），和世㻋出生。后和世㻋被封王，远离大都。

天历元年（1328 年），和世㻋被其弟元文宗图帖睦尔迎回元朝。

天历二年（1329 年），和世㻋即位，后被元文宗害死。

元宁宗 懿(yì)璘(lín)质(zhì)班(bān)

懿璘质班（1326 年—1332 年），元朝第十位皇帝（1332 年在位）。

至顺三年（1332 年），元文宗病逝。当时元明宗的长子妥欢贴睦尔远在广西，而次子懿璘质班深得元文宗的喜爱，受封为王，留在元文宗身边。

因此，至顺三年（1332 年）十月，卜答失里皇后等人拥立年幼的懿璘质班登上皇位，是为元宁宗。

但可惜的是，没过多久，元宁宗就病逝了。

元顺帝 妥（tuǒ）懽（huān）帖（tiē）睦（mù）尔（ěr）

妥懽帖睦尔（1320 年—1370 年），元朝第十一位皇帝（1333 年—1370 年在位）。

妥懽帖睦尔因皇室争权，少年时曾被迁到高丽和广西静江。

在元文宗和元宁宗相继驾崩后，妥懽帖睦尔被文宗皇后卜答失里下令迎回，于至顺四年（1333 年）即位于上都。

妥懽帖睦尔在朝廷中隐忍多年，假借臣手，先灭燕帖木儿派系，再扳倒权相伯颜，最终大权独揽。

至正元年（1341 年），妥懽帖睦尔收拢权力后，任用脱脱进行了一系列改革，包括恢复科举、崇儒重道、颁行法典、整顿吏治、解决饥荒等，以挽救元朝的统治危机。

尽管有改革举措，但未能从根本上解决积弊已久的社会矛盾和问题。

至正十一年（1351 年），元末农民起义爆发，元朝陷入危机。

妥懽帖睦尔在统治后期逐渐消沉，怠于政事，痴迷声色，听任佞臣上位，同时与皇太子爱猷识理达腊内斗，元朝走向衰亡。

至正二十八年（1368 年），明军进攻大都，妥懽帖睦尔出逃北上，元朝对全国的统治结束，元朝灭亡。1370 年，妥懽帖睦尔于应昌驾崩。

明朝 （1368 年—1644 年）

明朝是中国历史上的重要朝代，由明太祖朱元璋所建，初期建都南京，明成祖时期迁都北京。明朝共历十六帝。明朝农业、手工业发达，商品经济繁荣，出现商业集镇和资本主义萌芽，文化艺术呈现世俗化趋势。

明太祖 朱（zhū）元（yuán）璋（zhāng）

朱元璋（1328 年—1398 年），明朝第一位皇帝（1368 年—1398 年在位）。

龙凤二年（1356 年），朱元璋攻占集庆并将其改名为“应天府”。

龙凤十年（1364 年），朱元璋称“吴王”。

洪武元年（1368 年），朱元璋在应天府称帝，建立明朝。同年攻占了元朝的大都，结束了元朝在全国的统治。此后朱元璋数次遣将北征，打击北元残余势力，陆续消灭了残存的割据势力，逐渐统一全国。

他在位期间，废除丞相和中书省，废除行省，设三司分掌地方权力，加强了中央集权制度；推行严猛治国政策，严惩贪官和不法勋贵，整顿吏治；设立锦衣卫等机构，加强对官员的监督。他还实行移民屯田和军屯政策，减免赋税；下令丈量全国土地，清查户口，促进了农业生产和社会经济的恢复。

他大兴文教，建立国子监培养人才，促进了文化教育的繁荣。

他鼓励海外贸易，开放了多个港口，与外国进行贸易往来，增加了国家的财富，使社会生产也逐渐恢复和发展，史称“洪武之治”。

朱允炆（zhū yǔn wén）

明惠帝

朱允炆（1377 年—1402 年），明朝第二位皇帝（1398 年—1402 年在位）。

朱允炆是明太祖朱元璋之孙，懿文太子朱标之子。

因皇太子朱标早逝，朱元璋在洪武二十五年（1392 年）立朱允炆为皇太孙。

洪武三十一年（1398 年），朱元璋去世，朱允炆即皇帝位，改年号为“建文”。

朱允炆即位后，崇尚儒家仁政之说，一改朱元璋严政苛刑，实施了一系列改革措施。

他重农桑，办学校，考察官吏，更定内外大小官制，赈济灾民……这些举措缓和了社会矛盾，有利于经济发展。

朱允炆深感各地藩王势力过大，对朝廷构成威胁，因此实施削藩政策。然而，这一政策引发了各地藩王的不满和反抗，尤其是燕王朱棣。

建文元年（1399 年），燕王朱棣以“清君侧”为名起兵反抗，史称“靖难之役”。

建文四年（1402 年），朱棣攻陷南京，朱允炆下落不明。

明成祖 朱(zhū)棣(dì)

朱棣（1360 年—1424 年），明朝第三位皇帝（1402 年—1424 年在位）。

朱棣是明太祖朱元璋的第四子，早年被封为燕王，镇守北平。

他在军事上表现出色，曾率领军队消灭北元残余势力，为明朝的稳定和边疆的安宁做出了贡献。

建文四年（1402 年），朱棣因不满建文帝朱允炆的削藩政策，起兵反抗，史称“靖难之役”。经过战争，朱棣最终攻陷南京，夺取了皇位，改年号为“永乐”。

朱棣即位后，加强了中央集权，削弱了地方势力，下令疏浚大运河，营造北京城，并于永乐十九年（1421 年），正式迁都北京。

他改革机构，设置内阁，强化了专制集权。他实行了削藩政策，亲自率军北征；还打击北元残余势力，拓展了明朝的疆域。同时，他下令加强边境和海上的防御，建立了强大的海军。

朱棣重视农业发展，鼓励垦荒和水利建设。他还大力发展海外贸易，派郑和下西洋。

他重视文化教育，命人编纂了《永乐大典》。这是一部百科全书式的文献，是中国古代的文化瑰宝。

他的统治为明朝的繁荣富强奠定了坚实的基础。

明仁宗 朱(zhū)高(gāo)炽(chì)

朱高炽（1378 年—1425 年），明朝第四位皇帝（1424 年—1425 年在位）。

永乐二年（1404 年），朱高炽被立为皇太子。在朱棣北征期间，他以太子的身份监国，显示出了出色的政治才能。

永乐二十二年（1424 年），明成祖朱棣在北征返京途中病死，朱高炽登基为帝，改年号为“洪熙”。

朱高炽即位后，赦免明惠宗朱允炆的旧臣，平反冤狱，废除苛政，提高内阁地位，整顿吏治，减免赋税。与此同时，他还停止了对北方草原势力的大规模用兵，使天下百姓得到休息。

他下令修整武备，确保国家军事力量的稳固，为明朝带来了繁荣和安定，为“仁宣之治”奠定了基础。

明宣宗 朱(zhū)瞻(zhān)基(jī)

朱瞻基（1398 年—1435 年），明朝第五位皇帝（1425 年—1435 年在位）。

洪熙元年（1425 年），明仁宗朱高炽逝世，朱瞻基即位，后改年号为“宣德”。

朱瞻基即位后，继承了父亲朱高炽的遗志，继续推行仁政，关心百姓疾苦，努力恢复和发展生产。

他重视文化教育，重视人才的选拔，使得明朝的文化繁荣达到了一个新的高度。他与他父亲明仁宗的统治合称“仁宣之治”。

朱瞻基在位期间，明朝的对外关系也取得了进展。他再次派遣郑和下西洋，加强了中国与东南亚、南亚、西亚及非洲等地的经济、文化交流。

明英宗 朱（zhū）祁（qí）镇（zhèn）

朱祁镇（1427 年—1464 年），明朝第六位皇帝（1435 年—1449 年、1457 年—1464 年在位）。

朱祁镇是明宣宗朱瞻基的长子。

宣德十年（1435 年），明宣宗朱瞻基逝世，九岁的朱祁镇即位，改元“正统”。

由于朱祁镇年幼，由祖母张太后及内阁文臣“三杨（杨士奇、杨荣、杨溥）”辅政。

正统七年（1442 年），张太后去世后，朱祁镇所宠信的司礼太监王振弄权干政，开启明代宦官专权的先河。

正统十四年（1449 年），朱祁镇在王振的怂恿下率军亲征瓦剌，遭遇“土木之变”，兵败被俘。次年，朱祁镇被释放，被其弟朱祁钰软禁在南宫。

景泰八年（1457 年），石亨、徐有贞及宦官曹吉祥等发动“夺门之变”，拥戴朱祁镇复辟，改元“天顺”。

天顺八年（1464 年），朱祁镇驾崩，遗诏废除嫔妃殉葬制度。

明代宗 朱(zhū)祁(qí)钰(yù)

朱祁钰（1428 年—1457 年），明朝第七位皇帝（1449 年—1457 年在位）。

朱祁钰是明宣宗朱瞻基的次子，明英宗朱祁镇之弟。

正统十四年（1449 年），明英宗朱祁镇在土木堡被蒙古瓦剌部骑兵俘获，朱祁钰临危受命监国并登基，次年改元“景泰”，遥尊朱祁镇为太上皇。

朱祁钰即位后，任用贤能之臣，励精图治，稳定混乱的时局，组织北京保卫战，使明王朝转危为安。他发展经济，赈济灾民，安抚流民，安定社会。此外，他还命人编修了《寰宇通志》。这是一部明代的地方总志，后人在此基础上修纂了《大明一统志》。

朱祁镇被释放回来后，朱祁钰将其软禁在南宫，实际上并未给予其应有的尊重和待遇。这种处理方式加剧了兄弟间的矛盾。

景泰八年（1457 年），朱祁钰病重，石亨、徐有贞及宦官曹吉祥等人强行打开南宫的门，将明英宗迎出，并从东华门入奉天殿即位，史称“夺门之变”。

复辟的明英宗削朱祁钰的帝号，废其为“郕王”。

知识拓展

景泰蓝：亦称“铜胎掐丝珐琅”，是中国传统金属工艺品。以铜作胎，根据图案将金属丝粘焊在表面，再填以各色珐琅釉烧制而成。署有景泰年制款者工艺最为精美，以蓝釉最为出色。因此，后人称这种金属工艺品为“景泰蓝”。

明宪宗 朱(zhū)见(jiàn)深(shēn)

朱见深（1447 年—1487 年），明朝第八位皇帝（1464 年—1487 年在位）。

土木之变后，朱祁钰即位为帝，因宗法和政治需要，立朱祁镇之子朱见深为皇太子。但是在景泰三年（1452 年），朱祁钰改立自己的儿子朱见济为皇太子，可惜景泰四年（1453 年），朱见济就因病去世。景泰八年（1457 年），明英宗发动夺门之变复辟后，朱见深被复立为太子。

天顺八年（1464 年），明英宗驾崩，朱见深即位为帝，改元“成化”。

他在位期间，恢复了明代宗的帝号，为于谦等名臣平反，并任用贤能之士，努力整顿朝政，稳定社会。他多次下诏减免赋税，赈济灾民，努力减轻百姓负担。他还下令加强了对北方边境的防御，修缮长城等防御工事，以抵御外族的侵略。

但他在位晚期，沉迷方术，宠信宦官汪直等人，还设立西厂，加强特务统治，导致宦官专权，朝政日益腐败。

明孝宗 朱(zhū)祐(yòu)樘(chēng)

朱祐樘（1470 年—1505 年），明朝第九位皇帝（1487 年—1505 年在位）。

朱祐樘是明宪宗朱见深的第三子。

成化二十三年（1487 年），明宪宗朱见深驾崩，朱祐樘即位，次年改年号为“弘治”。

朱祐樘即位后，努力扭转明宪宗时期的朝政腐败状况，驱逐奸佞，起用贤良。

他下令兴修水利，发展农业，屡次明令禁宗室、勋戚侵占民田。

他还重视司法，曾组织编纂《大明会典》。

他宽厚仁慈，躬行节俭，任人唯贤，不重门第，力求扭转朝政腐败状况。

他在位期间，明朝政治清明，经济得到一定程度的恢复和发展，社会安定，被后世称为“弘治中兴”。

知识拓展

《大明会典》：简称《明会典》，是明朝编修的一部以行政法为主要内容的法典。其体例以六部为纲，分述各行政机构的职掌、事例、冠服、礼仪等，内容详细，是研究明朝典章制度的重要资料。

明武宗 朱(zhū)厚(hòu)照(zhào)

朱厚照（1491 年—1521 年），明朝第十位皇帝（1505 年—1521 年在位）。

朱厚照是明孝宗朱祐樘的长子。

弘治十八年（1505 年），明孝宗朱祐樘驾崩，朱厚照即位为皇帝，年号“正德”。

朱厚照从小机智聪颖，喜欢骑射，通晓多种语言，并对外来文化有浓厚兴趣，但他喜好玩乐，宠信宦官，导致朝政混乱。

他曾自封“威武大将军”，屡次外出巡游，沿路骚扰百姓。

正德十五年（1520 年），朱厚照在南巡泛舟垂钓时不慎落水，此后身体每况愈下，于正德十六年（1521 年）驾崩。

明世宗 朱(zhū)厚(hòu)熜(cōng)

朱厚熜（1507 年—1567 年），明朝第十一位皇帝（1521 年—1567 年在位）。

朱厚熜生于安陆州，是明宪宗朱见深之孙、明孝宗朱祐樘之侄、明武宗朱厚照的堂弟。

由于明武宗朱厚照驾崩，无子嗣继承皇位，只能从近支藩王中择人即位。朱厚熜于正德十六年（1521 年）即位，改年号为“嘉靖”。

朱厚熜在位前期有一定作为。他大力整顿朝政，削弱了文官集团的权力，加强了皇权。同时，他大力打击贪污腐败，实行了许多有益于百姓的政策，被后世称为“嘉靖新政”。不过，朱厚熜在位后期迷信方士、浪费民力的行为，不仅使“新政”未能彻底实施，反使国势日趋没落。

朱厚熜多疑暴戾，喜怒无常，宫人常被责罚甚至杖毙。嘉靖二十一年（1542 年），十多名宫女趁朱厚熜熟睡之际，想要把他勒死，但是最终没有成功，此次事件被称为“壬寅宫变”。此事过后，朱厚熜更加迷信方士，祈求长生不老，长期不理朝政，使得奸臣当道，吞没军饷，吏治败坏，边事废弛。

明穆宗 朱(zhū)载(zǎi)垕(hòu)

朱载垕（1537 年—1572 年），明朝第十二位皇帝（1567 年—1572 年在位）。

朱载垕是明世宗朱厚熜的第三子。

嘉靖四十五年农历十二月（1567 年 1 月），明世宗朱厚熜驾崩，朱载垕得以登上皇位，改元“隆庆”。

朱载垕即位后，整治吏治，加强对官吏的考察，奖赏廉洁官员，罢免贪官；平反冤狱，赦免因言获罪的官员，如释放了被囚禁的海瑞；重用谭纶、戚继光、王崇古等帅才，加强边防，抵御蒙古的进攻。他还采取恤商与开关政策，减轻商人的负担，促进了海外贸易的发展。他在位期间，委任徐阶、高拱、陈以勤、张居正等人，兴利除弊，革除前朝弊政，使明朝出现了短暂的繁荣局面，史称“隆庆新政”。

朱翊钧（zhū yì jūn）

明神宗

朱翊钧（1563 年—1620 年），明朝第十三位皇帝（1572 年—1620 年在位）。

朱翊钧是明穆宗朱载坖的第三子，年号“万历”，是明朝在位时间最长的皇帝。

朱翊钧六岁被立为太子，并于隆庆六年（1572 年）即位，时年十岁。

他即位之初，明王朝政治腐败，财政枯竭，朝政主要依靠内阁大学士张居正等人决策。

张居正推行了“考成法”“一条鞭法”等改革措施，整顿吏治，加强边防，减轻赋税。

朱翊钧亲政后，继续推行改革，裁撤政府机构中的冗官冗员，改革赋役制度。军事上，加强武备，重用抗倭名将戚继光。

他在位初期，励精图治，生活节俭，开创了“万历中兴”局面。但是由于“国本之争”，也就是朱翊钧的长子朱常洛与郑贵妃所生的朱常洵之间的太子之争，朱翊钧深感疲惫和厌倦。此外，他个人的纵欲行为也加剧了他对朝政的倦怠。

从万历中期开始，他逐渐怠于朝政，长期不上朝，导致朝政逐渐混乱。

万历四十四年（1616 年），后金政权建立，并于万历四十六年（1618 年）攻占抚顺，挑起与明之间的战争。朱翊钧主战，但次年明军在萨尔浒惨败，此后明对后金采取守势，无力进攻。

知识拓展

一条鞭法：明代嘉靖时期确立的赋税及徭役制度，由张居正于万历九年（1581 年）推广到全国。但该法未彻底实施，各地实行程度亦不一致。新法规定：把各州县的田赋、徭役及其他杂征总为一条，合并征收银两，按亩折算缴纳。这样大大简化了税制，方便征收税款，同时使地方官员难于作弊，进而增加财政收入。

明光宗 朱(zhū)常(cháng)洛(luò)

朱常洛（1582 年—1620 年），明朝第十四位皇帝（1620 年在位）。

朱常洛是明神宗朱翊钧之子，其母王氏出身低微，一直不为明神宗所喜，所以朱常洛从小就身陷“国本之争”当中。

万历四十八年（1620 年），明神宗朱翊钧病逝，朱常洛正式即位，改年号为“泰昌”。

他在位期间，积极改革，任用贤臣，革除弊政，罢除矿税，拨乱反正，重振朝廷纲纪，但可惜的是，他即位不到一个月，便在服用鸿胪寺丞李可灼所进的红丸后驾崩。而他的离奇暴毙引发了后来的“红丸案”，给他的儿子明熹宗朱由校留下了一个混乱、动荡的政治局面。

明熹宗 朱（zhū）由（yóu）校（jiào）

朱由校（1605 年—1627 年），明朝第十五位皇帝（1620 年—1627 年在位）。

朱由校是明光宗朱常洛的长子。

因他的父亲明光宗朱常洛在位不到一个月便因“红丸案”而暴毙，朱由校在仓促之中被群臣拥立即位，年号“天启”。

朱由校在历史上以“木匠皇帝”著称。他对制造木器有浓厚的兴趣，并亲自操作，其制作的漆器、床、梳匣等均精巧绝伦。

他在位初期，试图振兴朝政，但乳母客氏和宦官魏忠贤等人专权，制造冤狱，残酷迫害东林党人。此时，社会矛盾激化，多地爆发起义和兵变，又有后金虎视眈眈，明朝面临着内外交困的局面。

朱由校即位后，罢免了辽东经略熊廷弼（bì），致使后金攻陷沈阳、辽阳，辽东局势日趋严峻。后来他虽再次起用熊廷弼，但辽东局势依旧严峻。直至天启六年（1626 年）和天启七年（1627 年），袁崇焕在宁远之战、宁锦之战中两次击退后金军，战局才有所改观。

后朱由校因嬉乐过度成病（一说曾落水，留下病根），于天启七年（1627 年）去世。

朱（zhū）由（yóu）检（jiǎn）

明思宗

朱由检（1611 年—1644 年），明朝最后一位皇帝（1627 年—1644 年在位）。

朱由检是明光宗朱常洛的第五子、明熹宗朱由校的异母弟。

天启七年（1627 年），明熹宗朱由校无嗣而崩，朱由检奉遗诏即位，改元“崇祯”。

朱由检即位之初，铲除了权宦魏忠贤及其党羽（阉党），勤于政事，厉行节俭，力图实现明王朝的中兴。

他任用袁崇焕对付割据辽东的后金政权，但后金并没有因此削弱，反而于崇祯二年（1629 年）冬攻入塞内，包围北京。此后后金陆续攻克山海关外的大凌河、松山、锦州等明军据点。

明朝末年，多地连年遭遇天灾，引发明末农民起义。明廷剿抚失宜，导致李自成、张献忠等人的势力逐渐强大。可是朱由检此时还出于猜忌等多种原因，频繁地更换内阁辅臣，先后诛杀了袁崇焕等多位封疆大吏，起用洪承畴、杨嗣昌等人解决内忧外患，但终归还是失败了。

崇祯十七年（1644 年），李自成兵临北京，朱由检自缢于煤山，明朝灭亡。

清朝（1616 年—1911 年）

清朝是中国历史上最后一个封建王朝，共历十二帝，初称“后金”。

清朝时期，统一多民族国家得到巩固和发展。清朝统一蒙古诸部，将新疆和西藏纳入版图，积极维护国家领土主权完整。其间中国古代的专制主义中央集权制度达到顶峰。清朝前期农业和商业发达，江南出现密集的商业城市，全国出现大商帮。在此基础上，18 世纪后期，清朝人口增至三亿左右，是当时亚洲东部最强大的国家。

清太祖 努（nǔ）尔（ěr）哈（hā）赤（chì）

爱新觉罗·努尔哈赤（1559 年—1626 年），后金大汗（1616 年—1626 年在位）。

1583 年，努尔哈赤以祖、父为明兵误杀为由起兵，开始统一女真各部的征程。经过多年征战，他先后统一了建州各部，成为女真族的领袖。

1616 年，努尔哈赤在赫图阿拉称汗，定国号为“金”（史称后金）。后金政权的建立，标志着努尔哈赤完成了从部落首领到国家君主的转变。

1618 年，努尔哈赤以“七大恨”誓师攻明，开始了与明朝的长期战争，并且屡战屡胜，占领了辽东部分地区。

1621 年，努尔哈赤迁都辽阳，笼络蒙古各部。

1625 年，努尔哈赤迁都沈阳。

1626 年，努尔哈赤在宁远之战中被明军守将袁崇焕击败受伤，不久后病死。

清太宗 皇太极
huáng tài jí

爱新觉罗·皇太极（1592 年—1643 年），后金大汗（1626 年—1643 年在位），清朝第二位皇帝（1636 年—1643 年在位）。

皇太极是清太祖努尔哈赤的第八子。

天命十一年（1626 年），努尔哈赤逝世后，皇太极在众人的拥戴下继承汗位，年号“天聪”。

皇太极即位后，对蒙古和朝鲜采取军事和外交手段，使其臣服；继续对明朝作战，并取得了一系列胜利。

天聪九年（1635 年），皇太极平定察哈尔部，统一了漠南蒙古，并且获得传国玉玺。

1636 年，皇太极正式称帝，改国号为“大清”。后皇太极指挥清军取得松锦大捷，为清朝迅速扩展、入主中原打下了坚实的基础。

他在位期间，逐步建立国家统治机构，废除四大贝勒共理政务旧制，加强专制统治。

他颁布条例，使大量“奴仆”取得“民户”地位，促进农业发展，缓和社会矛盾；积极吸收汉族文化，翻译汉文书籍，促进文化发展。

福临（fú lín）
清世祖

爱新觉罗·福临（1638 年—1661 年），清朝第三位皇帝（1643 年—1661 年在位）。

福临是清朝入关后的第一位皇帝、清太宗的第九子，他的母亲是孝庄文皇后。

皇太极生前未立太子，他逝世后，经过多番协商和博弈，年仅六岁的福临在皇叔多尔衮和济尔哈朗的扶植下登上皇位，年号“顺治”。

顺治元年（1644 年），清军入关，击败李自成，迁都北京。

福临在位初期由多尔衮摄政。顺治七年（1650 年）多尔衮去世后，福临开始亲政。

顺治十六年（1659 年），清军进占云南，除地处东南沿海的郑成功外，全国大规模的抗清武装力量基本被平定。

福临在位期间，废除了诸王贝勒管理各部事务的旧例，停止了圈地政策，放宽了逃人法，缓和了民族矛盾；整顿吏治，派监察御史巡视各地，惩治贪官污吏，使清朝在入关后迅速稳定了局势，实现了全国的统一。

清圣祖 玄（xuán）烨（yè）

爱新觉罗·玄烨（1654 年—1722 年），清朝第四位皇帝（1661 年—1722 年在位）。

玄烨是顺治帝的第三子，年号“康熙”。

玄烨八岁登基，十四岁亲政，是中国历史上在位时间最长的皇帝。

玄烨亲政后，于康熙八年（1669 年）挫败了权臣鳌拜。

康熙十二年（1673 年），玄烨决定撤藩，随后三藩发起叛乱，经过八年战争，最终平定三藩之乱。

康熙二十二年（1683 年），施琅率清军收复台湾，结束了郑氏在台湾的统治。

康熙二十八年（1689 年），康熙派索额图等人与沙俄签订《中俄尼布楚条约》，确定了中俄东段边界。

康熙二十九年（1690 年）至康熙三十六年（1697 年），康熙三次亲征噶尔丹，最终取得胜利。

他在位期间，勤于政务，举行御门听政，并设立南书房，笼络汉族士大夫，削弱满洲议政王大臣会议及外朝内阁的权力；组织编纂《康熙字典》《古今图书集成》等图书典籍；治理黄河，疏通漕运；蠲免钱粮，促进农业的发展。

他是统一的多民族国家的捍卫者，奠定了清朝兴盛的根基，开创出“康乾盛世”的大好局面。

清世宗 胤(yìn)禛(zhēn)

爱新觉罗·胤禛（1678 年—1735 年），清朝第五位皇帝（1722 年—1735 年在位）。

胤禛是康熙帝的第四子，清朝入关后的第三位皇帝。

在康熙晚年，胤禛参与了著名的“九子夺嫡”事件，最终成功获得皇位。

康熙六十一年（1722 年），康熙帝病逝，胤禛即位，次年改年号为“雍正”。

登基后，胤禛派人出兵青海，平定罗卜藏丹津叛乱。

他在位期间，勤于政事，实行“改土归流”；加强对西藏的管辖；实行摊丁入亩，减轻无地、少地农民的经济负担，促进了人口增长；建立养廉银制度，实行官绅一体当差、一体纳粮；整顿吏治；创立密折制度监视臣民；设立军机处以专一事权；实行秘密立储制度，使得皇位继承办法制度化，避免皇子互相倾轧的局面。他在位期间进行的一系列社会改革对“康乾盛世”的延续起到了重要作用。

清高宗 弘历

hóng lì

爱新觉罗·弘历（1711 年—1799 年），清朝第六位皇帝（1735 年—1796 年在位）。

弘历是清世宗胤禛的第四子，年号“乾隆”，在位六十多年。

他重视文物、典籍的收藏与整理，使许多珍贵文物得以保存。他下令编纂了《四库全书》，对中国古代文化进行了系统的整理和总结。汉学在此期间得到了很大的发展。

他即位后，实行“宽严相济”之策，整顿吏治，厘定各项典章制度，优待士人，安抚宗室。他奖励垦荒，兴修水利，促进了农业的发展。他曾经多次普免天下钱粮，减轻了农民的负担。另外，他在平定边疆地区叛乱方面也做出了巨大贡献，维护了多民族国家的统一。他在位期间，“康乾盛世”达到顶峰。

但是，在他统治的晚期，吏治败坏，社会矛盾加剧。此时，闭关政策拉大了中国和西方的差距，暴露了封建社会的种种弊端，也为清朝后来的衰落埋下了伏笔。

知识拓展

《四库全书》：清朝乾隆时期编修的大型丛书。在清高宗乾隆帝的主持下，由纪昀等官员、学者耗时十年编成。《四库全书》分经、史、子、集四部，故名“四库”。《四库全书》内容丰富，具有保存和整理乾隆以前文献的作用。

清仁宗 颙(yóng)琰(yǎn)

爱新觉罗·颙琰（1760 年—1820 年），清朝第七位皇帝（1796 年—1820 年在位）。

颙琰原名永琰，是清高宗弘历的第十五子。

乾隆六十年（1795 年），颙琰被立为皇太子。

嘉庆元年（1796 年），清高宗乾隆禅位于颙琰，自称太上皇，仍掌握实权。

嘉庆四年（1799 年），清高宗乾隆驾崩后，颙琰才得以掌握实权。

颙琰即位后，努力扭转乾隆末年的种种弊端。他褒奖起复部分乾隆朝因言获罪的官员，重用清廉的老臣。他诛杀和珅，并没收其家产，在民间大得人心。

他还成功镇压了白莲教起义和天理教起义，维护了清朝的统治。但是，此时世界工业革命已经蓬勃兴起，由于清朝自身的局限性和国际环境的制约，清朝并未能把握机遇来推动国家的近代化进程。颙琰在位后期，鸦片输入渐趋严重，国库空虚，财政困难，清朝的衰落已是大势所趋。

清宣宗 旻(mín)宁(níng)

爱新觉罗·旻宁（1782 年—1850 年），清朝第八位皇帝（1820 年—1850 年在位）。

旻宁年号“道光”，生于紫禁城撷芳殿。

嘉庆十八年（1813 年），旻宁被封为智亲王。

嘉庆二十五年（1820 年），嘉庆皇帝驾崩后，旻宁即帝位。

他即位后，努力整顿官场，试图扼制奢靡之风，提高行政效率。他发展海运，解决了漕运的困难，并节省了开支。同时，他实行票盐制，使两淮盐政“弊绝风清”。

他解除对部分矿藏开采的封禁，主张使天地自然之利还之天下。

从即位初，他就不断发布上谕，对外严禁鸦片输入，对内禁止鸦片的贩卖、吸食和种植。

道光十八年（1838 年），他彻底摒弃了弛禁派的错误主张，采纳严禁派的建议，在全国推行禁烟，支持林则徐的禁烟措施。次年，他批准了《查禁鸦片烟章程三十条》。该章程成为清朝颁布的最严厉、最周密的禁烟令。

道光二十年（1840 年），中英鸦片战争爆发（第一次鸦片战争），中国战败，被迫于道光二十二年（1842 年）签订丧权辱国的《南京条约》。这一条约的签订标志着清朝开始进入半殖民地半封建社会。而此时，大江南北遍燃起义之火，社会弊端积重难返，加上列强的进一步剥削和压迫，清朝陷入了更加深重的危机。

知识拓展

《南京条约》：是中国近代史上第一个不平等条约。其内容包括：割让香港岛；向英国赔款两千一百万银圆；开放广州、福州、厦门、宁波、上海五处为通商口岸，允许英国人居住并设派领事；英商应纳进出口货税、饷费，中国须同英国商定，准许英商在华自由贸易等。

《南京条约》破坏了中国的领土完整和关税主权，便利了英国对华的商品输出，使中国开始沦为半殖民地半封建社会。

清文宗 奕（yì）詝（zhǔ）

爱新觉罗·奕詝（1831 年—1861 年），清朝第九位皇帝（1850 年—1861 年在位）。

奕詝是清宣宗爱新觉罗・旻宁的第四子。

道光三十年（1850 年），道光帝去世，奕詝即位，改年号为“咸丰”。

咸丰帝在位期间，太平天国运动给清朝带来了严重的打击，使清朝的国力进一步衰弱。随着列强的进一步侵略和剥削，清朝的国际地位日益下降。在内外交困的情况下，咸丰皇帝不得不接受部分洋务派官员的建议，进行一些改革尝试。但是由于封建制度的落后和腐败，清朝的衰落已经不可避免。

咸丰六年（1856 年），英法对清政府发动第二次鸦片战争，中国战败。

咸丰十年（1860 年），英法联军攻占天津，然后攻陷北京，并火烧了圆明园。

奕詝逃亡至热河，命恭亲王奕訢留在北京议和。在热河期间，奕詝与英、法、俄分别签订了《北京条约》。

知识拓展

《北京条约》：包括《中英北京条约》《中法北京条约》《中俄北京条约》，是 1860 年清朝政府于第二次鸦片战争后在北京分别与英国、法国、俄国签订的不平等条约。该条约的签订进一步加深了中国的半殖民地半封建社会程度。

清穆宗 载（zǎi）淳（chún）

爱新觉罗·载淳（1856 年—1875 年），清朝第十位皇帝（1861 年—1875 年在位）。

载淳是清文宗咸丰帝的长子，生于北京紫禁城储秀宫。

咸丰十一年（1861 年），咸丰皇帝在热河避暑山庄病逝，年幼的载淳即位，年号“同治”，由慈安与慈禧两宫太后垂帘听政。

由于载淳年幼，朝政大权实际掌握在其生母慈禧太后和恭亲王奕䜣手中。

在慈禧太后和恭亲王奕䜣的主持下，清朝实行新政，史称“同治新政”。

尽管新政在一定程度上缓和了社会矛盾，但载淳始终未能真正掌握实权。

另外，载淳在名义上平定了太平天国起义、捻军起义等，但实际上这些胜利更多归功于曾国藩、李鸿章、左宗棠等重臣。曾国藩、李鸿章、左宗棠等人也支持洋务运动，创办了一些军用及民用工业，推动了清朝的近代化进程。

清德宗 载湉

zǎi tián

爱新觉罗·载湉（1871 年—1908 年），清朝第十一位皇帝（1875 年—1908 年在位）。

同治十三年（1875 年），年幼的载湉在同治帝无嗣而崩后被两宫太后选定，继承皇位，年号“光绪”。

由于载湉年幼，慈禧太后垂帘听政。光绪十三年（1887 年），载湉亲政，但仍由慈禧太后“训政”。

光绪十五年（1889 年），慈禧太后虽“撤帘归政”，但仍对用人等政事具有最终的裁决权力。

光绪二十年（1894 年），日本挑起甲午战争，清军败北，载湉被迫派李鸿章同日本签订丧权辱国的《马关条约》。

光绪二十四年（1898 年），载湉启用康有为、梁启超等人进行“戊戌变法”，试图通过政治、经济、文化等多方面的改革来挽救清朝的颓势。然而，变法因触及封建守旧势力的利益而遭到以慈禧太后为首的保守派的反对，最终失败。

变法失败后，载湉被慈禧太后幽禁在中南海瀛台。

光绪二十六年（1900 年），八国联军迫近北京，慈禧太后携载湉逃至西安。返京后，载湉仍居瀛台，并于光绪三十四年（1908 年）去世。

知识拓展

《马关条约》：日本强迫中国清朝政府于 1895 年 4 月 17 日在日本马关签订的不平等条约。原名《马关新约》，亦称《春帆楼条约》。《马关条约》的签署标志着甲午中日战争的结束。该条约大大加深了中国的半殖民地化程度和民族危机。

溥仪

爱新觉罗·溥仪（1906 年—1967 年），清朝最后一位皇帝（1908 年—1911 年在位）。

溥仪是清德宗载湉之侄、醇亲王载沣之子。

1908 年，年幼的溥仪在光绪帝和慈禧太后相继去世后，被立为皇帝，年号“宣统”。

辛亥革命后，溥仪被迫退位，但仍居住在紫禁城，享受中华民国临时政府议定的清室退位优待条件。

1917 年，张勋曾短暂拥其复辟，但仅持续十二日便失败。

1924 年，冯玉祥发动政变，废除其皇帝称号，将溥仪迁出皇宫。

九一八事变后，溥仪在日本人的控制下做了伪满洲国的傀儡皇帝。

1945 年，日本投降后，溥仪被苏联红军逮捕，关入监狱。

1950 年，溥仪被移交中国，监禁于抚顺。

1959 年，溥仪被释放，后担任全国政协文史资料研究委员会委员。

1967 年，溥仪因尿毒症在北京逝世。

/内容审定团队/

傅小凡

央视《百家讲坛》主讲人，厦门大学人文学院哲学系、宗教学研究所教授，博士研究生导师，担任中国哲学、伦理学、美学与中国文化等专业的教学工作，主要从事中国儒家文化、道家文化、佛教文化的研究工作。

马文戈

历史学硕士，文化学者。已出版作品：《大秦简史：从非子到胡亥》《历朝变法往事》《赵匡胤传奇》《写给孩子的简明中国史》等。

李含果

雅安北附实验学校校长，天津大学硕士，传统文化爱好者传承者，致力于现代人文学校的打造与建设。

齐超

雅安北附实验学校高中历史教师，历史学科带头人。拥有 15 年教学和带班经验，熟悉中外通史、史学理论及学术前沿动态。

代仲兵

中小学高级教师，市级骨干教师，市级优秀教师，市级优秀班主任及市级优秀德育工作者。

史孝成

高级教师，市级名校长，多篇文章发表于国内各级报刊并获奖。

/作者/

高瑞沣

畅销书作家，童书出版人，四川省作家协会会员。著有《仪式感》《讲了很久很久的西游记》《讲了很久很久的中国龙》等书。

/插画团队/

文鲁插图工作室

拥有成熟的少儿读物创作经验，是一个以制作少儿图书、线上线下漫画、教材教辅、少儿科普百科为主的绘画工作室，绘画风格多样，受到市场欢迎。